SSTを
ユニバーサル
デザイン化

子ども・クラスが変わる！
ソーシャルスキル
ポスター

ベーシック

小貫　悟［監修］

イトケン太ロウ ［著］

東洋館出版社

監修者からのメッセージ

　昨年（令和4年）の12月に、通常学級での特別支援教育に関する文部科学省の10年にたった一回だけある大規模調査の結果が公表されました。

　それによると、通常学級での発達障害の可能性のある子の推定値は6.5%から、8.8％に大きく引き上げられました。小学校だけをみると10.4％です。つまり10人に一人はそうした困難のある子であるとのことです。

　いかがでしょうか？ 皆さんの実感と一致するでしょうか？

　こうした数値の伸びの理由について、報告書内では「これまで見過ごしてきた困難のある子」に光があたるようになったからとしています。

　では、我々は、子どもたちの何を「見過ごしてきた」のでしょう。

　こうした子どもは「困難を抱えている」と言われます。

　しかし、よく目を凝らすと困難は、彼らの周りにあるのです。彼らの中に困難があるのではなく、彼らの外にあるのです。

　イトケン先生は、そのことに気づきます。それを「見過ごし」ませんでした。

　ソーシャルスキルポスター（SSP）の第一作を出した後、いったん、彼らの周囲にいる「ソーシャルスキルモンスター（SSM）」探しの旅に出ます。教室にはたくさんのモンスターが存在していたのです。それを片っ端から見つけ出し、その性質や生い立ちまでを徹底調査し、子どもたちに分かりやすい標本図鑑のような本を完成させます。

　「君たちが悪いんじゃないんだよ。みんなモンスターのしわざだったんだよ」と。

　でも、イトケン先生は周囲の「モンスターを近づけない方法」があることを伝えることも忘れませんでした。そう、自分自身でも、たくさんの「スキル」を手に入れてほしいと。

　大人たちはたくさんのソーシャルスキルを知っています。でも、子どもに上手に伝える言葉を持っていないのです。その結果、お説教をして終わります。そして、何も変化が起きません。

　子どもには子どもに伝わるコトバを使って、伝えなければなりません。

　子どもの発達レベルにぴったりの伝え方をしなければなりません。

　心に響く見せ方をしなければなりません。

　今回、そうした必要な要素を全部盛り込んだSSPベーシック編とSSPアドバンス編の2冊が揃い、SSPがここに完成したことを、子どもの支援に関わる者として、そして、イトケン先生の長い旅の第一歩を見てきた者として、喜びたいと思います。

　イトケン先生、お疲れ様。

　これからは、送り出したアイテムたちが、きっと大活躍することでしょう。

明星大学教授　小貫悟

まえがき

　前著「子ども・クラスが変わる！ソーシャルスキルポスター」の発刊から早3年半が過ぎ、ようやくソーシャルスキルポスター（以下、SSP）の続編を、しかも2冊同時に刊行することになりました。発刊当時から続編の出版が確約されていた訳ではないので、筆者としては非常に感慨深いのと同時に、やっとスタートラインに立てたという感覚です。

　1週間に1つずつSSPを紹介するため、1年を35週として、通年で35アイテムが必要になります。そして、それぞれのアイテムが3ステップで進化していく設定となっているので、SSPは計105アイテムで構成されています。（プロトタイプは、40×3＝120アイテムでした）

　「スモールステップで、子供たちの実態に対応できる」とうたいつつ、前段階アイテムと次段階アイテムが形としては存在しない状態は、何とも落ち着かない心境でしたが、それも今日までです。

　そもそもこの支援法は、発刊よりも遡ること数年前に筆者が経験した挫折から始まっています。子供たちに主導権を奪われ、何もできない日々…。力を付けるどころか、その日その時間をやり過ごすので精一杯。無力感だけを引きずり、毎日帰路につく。今思い出しても、戻りたくない過去のできごとです。でも、その苦い日々を過ごしたことで得た発想で「ソーシャルスキルのアイテム化」が生まれ、明星大学の小貫先生のご助言でSSPの開発へと動き始めました。全てが仕組まれていたかのように…。

　支援法の効果については自身の実践で実証済でしたが、それが書籍を媒体に伝わるかについては未知数でした。行き先を案じている最中、世界でコロナが猛威を振るい、学校の時間は止まりました。筆者を含め、多くの教員は為す術を奪われました。しかし、止まった時間が動きだした時に、その時間を取り戻すための武器を携えていたい…。そうした思いから、「ソーシャルスキルモンスター（以下、SSM）」の開発、そして刊行となりました。まるで、何かが仕組まれていたかのように…。

　本企画全てを通し、小貫悟先生のご助言抜きにSSPおよびSSMは成立しませんでした。いち早く「ソーシャルスキルのアイテム化」の可能性に着目し、そして、SSP開発に当たり具体的な指示をして頂けたこと、心より感謝申し上げます。

　そして、今回も都内各地の先生方にご協力頂き、SSPの実践事例を数多くお寄せ頂きました。今回は学校現場やご家庭だけでなく、保育園やヨガ教室という習い事の場での取り組みについてもお寄せ頂きました。放課後等デイサービスでの活用の話も聞くので、今後も活用の場は広がっていくと思われます。これからも子供たちにとって、そして支援に携わる全ての方々にとってのアシストができるように、SSPおよびSSMの可能性や汎用性を見出していきたいと思います。

　SSPが3冊で105アイテム、そしてSSMが2冊で85体のモンスター、総計190個での支援体制が整いました。その支援により子供たちの生きづらさが外れ、そして、その生きづらさが外れることで、支援に携わる方々の思いが届いていくことを願ってやみません。

　この先、何が仕組まれているのか、皆目見当もつきませんが…。

2023年1月　　　著者　イトケン太ロウ

ソーシャルスキルポスターってどうやって使うの？

ソーシャルスキルポスターの使い方は…

ポスターの提示
↓
読み聞かせ

ソーシャルスキルポスター（SSP）の使い方はとてもシンプルです。

・SSP を提示する
・効果や性能、使い方を読み聞かせる

たったこれだけです。超簡単なので、明日から使うことができます。

　場面や状況に応じて、より細かな設定をしたり支援を手厚くしたりすることはありますが、基本的にはこの手順です。全体指導場面や個別指導場面、通常学級と特別支援教室との連携場面など、様々なシチュエーションで試してみてください。

詳しくは…

p.12 へ

ソーシャルスキルポスターって、何のためのポスターなの？

ソーシャルスキルポスターとは…

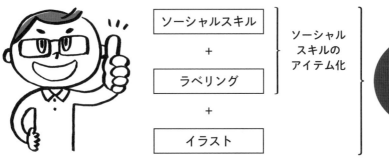

　ソーシャルスキルポスターとは、「状況に適したソーシャルスキルに、覚えやすい名前を付けてアイテム化し（ラベリング）、さらにイラストを付けて、その行動や思考を喚起するためのサイン」です。

　『子ども・クラスが変わる！ソーシャルスキルポスター』（2019）の刊行以来、すでに、学校、家庭、放課後等デイサービス、スポーツ教室など、様々な場所で SSP は活用されています。手軽な割に、一定程度その効果を確実に引き出せる支援法として、全国で認知されてきています。

詳しくは…

p.12 へ

支援を要する状況はいろいろあるけど、
どこで使えるの？

SSP が使えるところは…

通常学級
通常学級の個別指導
全校
特別支援教室
通常学級と特別支援教室の連携
特別支援学級
特別支援学校
放課後等デイサービス
スポーツ教室
家庭

　SSP は、状況に応じた使い方をすることで、様々な指導場面で活用することができます。問題行動場面で活用できたときの即時評価や、問題行動への対処の仕方についての振り返りや次への対応策の考察など、SSP はあらゆる場面や状況での活用が想定されます。

　SSP は、子供の有する「ことば」と「イメージ」の力を使って、自分自身の状態を俯瞰して捉え直すための支援です。場面や状況を選ばず SSP を活用できるのは、子供たちがそうした力をもっているからなのです。

詳しくは…

p.15 へ

Question

SSP を使うと、子供たちにどんな変容が
あるの？

Answer

SSP の活用で見られる変容は…

自己肯定感が下がりにくい
自分を客観視（メタ認知）できる
感情コントロールができる
トラブルを解決・回避できる
トラブルの予防策・解決策を考えられる
意思表示ができるなど

　SSP は、状況に適した行動や思考、あるいは解決方法にラベリング（アイテム化）し、さらにイラストを併記することで、「その場で何をすべきか」について子供たちに分かりやすく訴えかけます。そうすることで、子供たちは自身の心の状態や置かれている状況に気付き、その対処に向かっていきます。

　SSP の主たるねらいは、「子供たちの自己肯定感を下げずに、思考・行動の改善を促す」ことにあります。自分の状態を冷静に見極め、適した思考・行動のスキルを選択実行し、成功体験が積み上がっていけば、子供たちの自己肯定感は上がっていきます。

　『子ども・クラスが変わる！ソーシャルスキルポスター』(2019) の 35 アイテムをスタンダード（中学年用）として位置付け、今回、ベーシック編（低学年用）とアドバンス編（高学年用）、それぞれで 35 アイテムを収録しました。それにより、3 段階で連動したアイテムが 35 セット完備したことになります。105 個のアイテムを駆使して、様々な場面や状況、クラスや子供の実態に合わせて提示し、必要性に応じて、アレンジして活用してください。

詳しくは…

p.39 へ

効果がでないときはどうすればいいの？

効果がでないときは、ステージの設定と即時評価をしよう

ステージの設定
↓
ポスターの提示
（アイテムの説明）
↓
評価（即時・相互・自己）

　SSP を活用しても効果が見られないときは、「ステージの設定」と「即時評価」に意識してみましょう。

ステージの設定

　子供たちが目的意識を持ち、楽しんで取り組めるような「ステージ」を設定しましょう。子供たちにとってステージが魅力的であればあるほど、SSP の効果は確かなものとなります。

即時評価

　子供たちがポスターのアイテムを使い始めたらすかさず褒めましょう。そのときが即時評価をするタイミングです。アイテムを使えなかったとしても、使おうとした子供の気持ちや意欲も見逃さずに褒めましょう。

　子供同士の相互評価や子供自身の自己評価も、必要に応じて適宜、クラスの生活に組み込んでいきましょう。

詳しくは…

p.14 へ

さらに効果を引き出すには、どうすればいいの？

Answer

さらに効果を引き出したいときは、ソーシャルスキルモンスターと併用しよう…

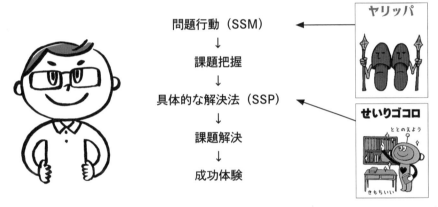

問題行動（SSM）
↓
課題把握
↓
具体的な解決法（SSP）
↓
課題解決
↓
成功体験

ヤリッパ

せいりゴコロ

　SSP を活用しても効果が見られないときは、「ソーシャルスキルモンスター（SSM）」を併用してみましょう。

　SSP が担う役割は、問題行動に対し、その対処法である具体的な思考および行動のレパートリーを示すことにあります。問題行動が起きていることを子供自身に気付かせること、あるいは、問題行動を起こしてしまう自分自身を客観視する役割は担っていません。自己肯定感を下げないようにするため、問題行動を当事者である子供たちから切り離し、冷静に客観的に捉え直す役割を担っているものが「ソーシャルスキルモンスター（SSM）」です。

　『子ども・クラスが変わる！ソーシャルスキルポスター』（2019）に掲載されている35 項目と、『子どもが思わず動きだす！ソーシャルスキルモンスター』（2021）の 35 種類は完全対応しています。今回のベーシック編とアドバンス編が揃うことで、35 種のモンスターに対し、105 アイテムで対応することが可能になります。従来よりももっときめ細やかな支援で、「SSM で課題把握し、SSP で課題解決すると成功体験が増え、結果的に子供たちの自己肯定感が高まっていく」という循環をつくっていきます。

詳しくは…

p.24 へ

実践編

ソーシャルスキルポスター（SSP）とは？

　SSPとは、「状況に適したソーシャルスキルに、覚えやすい名前を付けてアイテム化（ラベリング）し、さらにイラストを付けたもの」です。その状況において望ましい行動や思考を喚起するためのサインとなります。

　まずは、ポスターを提示して、子供たちに読み聞かせをしてみましょう。

　SSPは、その場面や状況に応じたソーシャルスキルを円滑に運用するためのプロンプト（手助け）です。子供たちは問題解決すべき場面に遭遇した時、持ち合わせているソーシャルスキルで対処しようとします。しかし、その解決が難しい場合、往々にして「問題行動」と呼ばれる手段でその状況を打開せざるを得なくなります。SSPは、子供たちが「問題行動」を起こさずにすむように、その場に応じた望ましい行動や思考を想起させ、直感的に具体化して示すことができます。また、事前に対応策を考える場面でもその効力を発揮します。

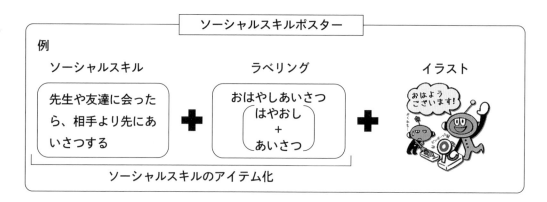

●SSPのねらい

・子供が自分の力で運用できるソーシャルスキルを一つでも増やす

・自分の特徴に気付かせ、子供の自己理解・自己受容を促す

・アイテムを適切に運用できたという成功体験を増やし、子供の自己肯定感を高める

　SSPのコンセプトは、「その状況でどのように振る舞えばいいのか分からない」「実行しようと思ってはいても、なかなかうまくできない」という子供の自己肯定感を下げないことです。そして、失敗経験を多く積み重ね自信を失っている子供に対し、「ことば（アイテム名）」と「イメージ（イラスト）」でヒントを示し、具体的な行動に踏み出す後押しすることにあります。

SSP の特徴

● 心理学における「問題の外在化」の手法を用いる

　問題行動を外在化し子供から一旦切り離して捉えることで、子供の自己肯定感を下げないようにすることに重きを置いています。「問題を解決できない」のではなく、「解決のためのアイテム（SSP）を持っていないだけないんだよ」というメッセージをまずは子供に届けます。

　（詳しくは理論編（P35）へ）

● 3 ステップで進化する 35 アイテム

　「ホップ、ステップ、ジャンプ」という具合に、アイテムの行動目標が「ベーシック（低学年）→スタンダード（中学年）→アドバンス（高学年)」と 3 段階で進化していくように設定しています。35 個のアイテムが、それぞれ 3 段階でレベルアップし、合計 105 個のアイテムで、子供たちの幅広い実態に対応できるようになりました。低学年であってもレベルの高い目標にチャレンジさせ、実態をどんどん引き上げていくことができます。逆に、高学年であってもゆっくりじっくり、その子供のペースに合わせて成功体験を積み上げていくこともできます。

ベーシックアイテム（低学年）「だれでもあいさつ」	友達や先生などだれにでもあいさつをすることができる

↓↑

スタンダードアイテム（中学年）「はやおしあいさつ」	相手より先にあいさつをすることができる

↓↑

アドバンスアイテム（高学年）「セレクトあいさつ」	相手や状況に合わせたあいさつをすることができる

● ソーシャルスキルモンスター（SSM）に対応

　『ソーシャルスキルポスター』で提示されている 35 場面に完全対応する形でモンスター 35 種類が設定されています。SSM で課題把握し、SSP でその対応の戦略を明らかにすることで、大きな効果を引き出します。

アイテム（SSP）	項目	ねらい	SS モンスター
だれでもあいさつ はやおしあいさつ セレクトあいさつ	あいさつ	気持ちの良いあいさつができる	知らんプリン
つくえクリーナー せいリゴコロ 美化ピカファインダー	整理整頓	身の回りの整理整頓をする	ヤリッパ

SSP の鍵「ステージの設定」

　SSP の効果を最大限に引き出すには、子供たちにとって魅力的な「ステージの設定」ができるかどうかが鍵となります。「面白そう！」「やってみたい！」と子供たちを前のめりにさせる「ステージの設定」をしてみてください。

「ステージの設定」で大切なこと

・子供が学習（活動）の目的を理解し、必要性や取り組む価値を感じている

・ステージやアイテムの設定が子供たちの発達段階に即している

・遊び感覚で取り組むことができる

　この中でも特に大切なのは「遊び感覚で取り組むことができる」です。

　教員や保護者の中には、"ゲーム感覚"に抵抗をもつ方がいます。しかし、本来注目すべきなのは、子供が「学びたいと思うこと」、子供がトライ＆エラーを繰り返しながら「力を付けていくこと」です。単なる遊びで終わらせないためにも、あらかじめ支援者が明確なねらいと意図を設定し、それを達成できるように適切な課題を設定します。そこに"遊び"という隠し味を含ませることは、子供たちの成長を後押しすることになります。

　与えられた状況や時間の中で、子供たちにとって魅力的な「ステージの設定」をして、子供たちが楽しみながら変容していく姿を、ぜひ後押ししてください。

魅力的な「ステージの設定」例

ステージ名「ココロクエスト」

RPG 形式で、SSP をクリアしながらアイテムを増やしていくという設定。クリアした SSP を俯瞰できるように「ココロクエスト MAP」を掲示し、学習進度を把握しつつ「コンプリートしたい！」という子供たちの心をくすぐる。学習ということを忘れさせてしまうほどの世界観がたまらない。

ステージ名「ソーシャルカードバトル」

カードバトル形式で、アイテム役とモンスター側に分かれて、それぞれに対応するカードを出し合い対戦するという設定。プレイシートは先生のオリジナルのもの。カード同士のシミュレーションで、実生活に起きる問題行動と対処法の関係性を、まさに遊びながら学べる秀逸な実践事例。

SSP の使い方

　「ステージの設定」の1例として、「目指せ！アイテムマスター！」の導入例とともに、オリジナルアイテムの作り方、個別対応や通常学級と特別支援教室との連携等、いくつかの活用例を写真を交えてご紹介します。これらはあくまでも例示であり、読者の方々やそこにいる子供たちが楽しんで取り組めるようアレンジしてください。

基本的な使い方

ステージの設定（ステージ名「目指せ！アイテムマスター！」）

①「『アイテムマスター』とは、自分のことを上手にコントロールし、友達とうまく関わっていくことができる人」と伝える。

②子供たちと一緒にアイテムマスターを目指すキャラクターとして、「ハイボーイ」「ハイガール」「ハイブー」「ハイブルーム」を紹介する。（次ページ参照）

③「キャラクターと力を合わせて『アイテムマスター』を目指そう！」と投げかける。

ポスターの提示（アイテムの説明）

①提示する SSP を1枚選び、裏面の解説文を読んでアイテムを紹介する。

②紹介されたアイテムをすでに使ったことがあるか、などを子供に聞きながら、アイテムと子供たちの実生活をつなげる。

③ SSP を教室の壁に貼る。

評価

① SSP のアイテムを運用している子供を見かけたら、支援者が即時評価して褒める。

②帰りの会などで子供同士の相互評価する場を設定するなど、アイテムを運用している友達を見かけたら褒め合うようにする。

展開

・提示する SSP を週に1枚ずつ選び、上の流れを繰り返す。（P25 参考使用月を参照）

・SSP のアイテム名をアレンジして活用してもよい。

(導入例)「アイテムマスター」を目指す4つのキャラクター

めざせ！アイテムマスター！	

ハイボーイ 未来の国からやってきた男の子。「はい！」といつも元気なあいさつができ、明るい性格。たまに友達とケンカをしたとき、おこりすぎて、後で落ちこむことがある。アイテムマスターになって、自分をコントロールし、友達をたくさん作りたいと思っている。	ハイガール 未来の国からやってきた女の子。ハイボーイがひそかにあこがれている。アイテムを使うのが上手で、アイテムをアレンジできるようにもなってきた。ハイガールもアイテムマスターを目指している。友達のことが気になって、自分をうまく表現できないことがある。

ハイブルーム 未来の国からやってきた森の精。ハイボーイの友達。表情ではあまり伝わらないが、とてもやさしい性格。ひなたぼっこが好き。人見知りで、自分から友達にかかわっていくのが苦手。ハイボーイにさそわれ、アイテムマスターを目指してみようかと思っている。	ハイブー 未来の国からやってきた動物。ハイボーイの友達。ハイボーイやハイブルームと遊ぶのが大好き。気が短く、ちょっとおこりっぽい所がある。あまり文句を言わないように気を付けている。アイテムを上手に使えている友達を見て、うらやましいと思っている。

発展的な使い方

ステージの設定

クラスの実態に合わせ、支援者の創意工夫を生かしたオリジナルの設定をする。

[設定例]

・「目指せ！　自分の進化形インナーワールド編」（インナーサイドキャラクターの設定）

・「クラススマホにソーシャルアプリをインストールしよう！」

・「ぼくらの夢を叶える秘密道具を創り出そう！」

・「免許皆伝！ソーシャル忍者への道」　・「新作　粋な大人の江戸仕草作り」

ポスターの提示（アイテムの説明）

①提示する SSP を 1 枚選び、裏面の解説文を読んでアイテムを紹介する。

②紹介されたアイテムを参考に、クラスを良くするためのソーシャルスキルを出し合う。

③出されたスキルにクラスで名前を付けてオリジナルのアイテムを作る。

④オリジナルアイテムのポスターを作り、教室の壁に貼る。

個別対応での使い方

ステージの設定

　支援の対象となる子供と支援者で相談して、その子供が意欲的に取り組めそうな設定をする。（その子供が特に興味のあることを題材にして、活動の意欲を引き出す）

[設定例]

・「最強の鉄道マンになるために！」

・「みんなに愛されるパティシエへの道」

ポスターの提示（アイテムの説明）

①対象となる子供に、「進化するためにどんなことができるようになりたいか」「どんなことをしない方がよいと思うか」意見を聞く。

②出されたスキルにその子供と相談しながら名前を付けて、個別アイテムを作る。（SSP をそのまま活用できる場合は、それをターゲットスキルにする）

③必要に応じて、SSP を縮小印刷して個別アイテムのカードを作り、子供に持たせる。

評価

・セルフチェック表などを用意し子供に自己評価する場を設定し、アイテムを運用できているかどうかを自分で確認できるようにする。

通常学級と特別支援教室との連携

事前打ち合わせ

【通常学級・特別支援教室】

①通常学級での子供の課題を受け、特別支援教室での支援の長期目標を確認する。

②中期目標あるいは短期目標として、支援のターゲットスキルを選定する。

③特別支援教室でステージの設定やSSPの提示を行い、その運用を特別支援教室、通常学級の双方で促し評価していくことを確認する。

ステージの設定

【特別支援教室】

［設定例］

・「人気ゲームのクリエイターを目指して！」

・「コミュニケーションマスター！五つ星ホテルのコンシェルジュ」

ポスターの提示（アイテムの説明）

【特別支援教室】

①特別支援教室担当が対象となる子供に、「進化するためにどんなことができるようになりたいか」「どんなことをしない方がよいと思うか」意見を聞く。

②子供の意見を聞きつつ、通常学級担任と決めたターゲットスキルに子供の気持ちを寄せていき、子供自身に解決すべき課題として自覚させる。

③ターゲットスキルに子供と相談しながら名前を付けて、個別アイテムを作る。（SSPをそのまま活用できる場合は、それをターゲットスキルにする）

③必要に応じて個別アイテムのカードなどを作り、子供に持たせる。

④必要に応じて子供にセルフチェック表を渡す。

⑤支援者は、評価シートを共有する。

評価

【通常学級・特別支援教室】

①特別支援教室担当が、通常学級担任と共有できる評価シートを作成する。

②学級担任と特別支援教室担当が、対象となる子供がそれぞれの指導場面でアイテムを運用していたら即時評価して褒め、共有している評価シートに記録する。

③セルフチェック表などを用意して子供に自己評価する場を設定し、アイテムを運用できているかどうかを自分で確認できるようにする。

④評価シート、セルフチェック表を見ながら振り返りをして、特別支援教室担当が子供にアイテム運用についてのアドバイスをする。

⑤特別支援教室担当がアドバイスしたことを、通常学級の担任に伝える。

こんな風に使えます！ SSPの活用アイデア

① 「元気なあいさつでモンスターを救おう」（全校朝会）

　全校児童に向け、生活目標に合わせてSSMを提示する。例えば「元気に挨拶をしよう」という目標では「知らんプリン」を登場させ、元気にあいさつをするための価値付けをする。次に、目標を達成するためにSSPを紹介する。「誰でもあいさつ」を提示し、「積極的にあいさつをすると、モンスターを救うことができる」という主旨の話をする。達成すべき課題が明確になり、自ら意欲的に挨拶をしようと取り組もうとする態度が育まれる。評価カードを活用すると子供の意識がより高まり、正しい行動モデルが般化されていく。

　SSMとSSPを意識しながら、各学年の子供が積極的にあいさつをするようになる。全校朝会でSSPを活用して、全校児童が一斉に取り組むことはイメージの共有につながり、より効果的に目標達成に向かっていくことができる。

② 「学年でめざせ！　アイテムマスター」（通常学級　1学年）

　学年集会を月に一度行い、SSPを1〜2つずつ紹介する。1年生が6学級あるため、教員が輪番制でSSPを紹介する。目の前の子供たちに特に身に付けさせたいソーシャルスキルをその時期ごとに考え、それに対応するSSPを選ぶ。紹介するときは、四次元ポケットから便利道具を取り出す人気キャラクターになりきる等、それぞれが工夫している。子供たちに見通しがもててくると「今日はどんなアイテムかな？」と集会が始まる前に口にする子供もいて、学年全体で楽しみながらアイテムマスターを目指すことができる。

　紹介したSSPを各クラスで活用するとともに、学年掲示板にも貼って学年全体に意識付けを行う。学年にSSPが浸透してくると、交換授業を行う際に「『つくえクリーナー』が上手にできていますね」「『きりかえスイッチ』がマスターできていますね」等、教員が共通の言葉で他のクラスの子供たちを褒めることができ、子供たちも安心して学びに向かえるようになる。

③ 「クラスでめざせ！ アイテムマスター」（通常学級 1年生）

　クラス全体で身に付けさせたいアイテム（SSP）を教員が紹介する。子供たちがアイテムに親しみをもつと楽しそうに行動に移し、子供同士の会話の中にアイテム名が出てくるようになる。帰りの会で1日を振り返り、SSPが使えたかどうか自己評価する。全員の手が挙がった時にはポスターにシールを1枚貼り、10枚集まると「アイテムマスター」になる設定にして金シールを貼る。また、仮に行動に移せなかったとしても、「SSPを使おう」としていればよいというルールでもよい。マスターしたSSPに、教員が作ったメダルを添えて教室に掲示すると、さらに子供たちの自信にもつながる。

　自分の気持ちを素直に伝えることが苦手で友達に対し攻撃的になる等、個別に課題のある子供も「はんせいやじるし」や「イラけし」等、クラス全体でアイテムマスターを目指していくと、その過程の中で自分をコントロールしようと努力する姿が見られるようになる。

④ 「家族と一緒にイライラコントロール」（通常学級 2年生）

　周りの様子が気になるとイライラしやすい子供には個別に「イライラルーティン」を決める。「いかりのフタ」や「イライラエスケープ」「いいすぎブレーキ」などを使い、状況に応じてどのSSPを使えば気持ちが落ち着くかを相談して決めておくと、子供は一人静かにクールダウンすることができる。のちに聞き取りをすると「イライラしても、悪い方に行っちゃだめだと思ったから、SSPを使おうと思った」「SSPのこと思い出したら頑張れた」と理由を話すことができる。

　活用に慣れてくると子供は家庭でもSSPを使い始める。保護者が家でイライラして怒っていると「そんな時は、『いかりのフタ』を使ったらどう？」とSSPの運用を勧める。それをきっかけに保護者は、子供が学校でSSPの活用を頑張っていることを知る。家で保護者もアイテムを使うようになり、家族オリジナルのアイテムを一緒に考えるようにもなる。

⑤ 「低学年は、めあてをポスターで視覚的に」（特別支援教室）

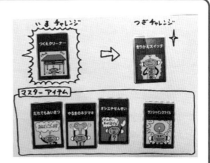

　低学年段階では「自己理解」を意識することは難しい。道徳観は「他律的道徳観」の時期で、親や教員など大人の判断から、ものごとの良し悪しを知ることが主となる。したがって中学年以降のような「自分に合うアイテム（SSP）はどれかな？」など自ら選択する活動は難しく、大人からの提示が有効である。そこで、子供の実態にあった SSP を「今週のアイテム（＝特別支援教室のめあて）」として視覚的に提示し、マスターした SSP をカードで集めるようにすることで、子供の意欲を高めている。SSP を見て学習に取り組むうちにいつの間にかできるようになり、「SSP をマスターした自分」を自覚し、「自己理解」につながっていく。また、１年生は保育園・幼稚園での生活から小学校の「全員一緒」の生活へ切り替わることで、戸惑いの多い時期でもある。かわいらしく描かれた「だれでもあいさつ」のポスターは見るだけでも楽しく、教員の「自分からあいさつしましょう」とった口頭での指示よりも理解しやすい場面がある。（言語理解の発達に遅れがあり、視覚の優位性が高い子供が多いことから）SSP が貼られている１年生の教室では、休み時間など、ポスターは子供たちの注目の的である。学校にとっても、SSP は楽しい生活のためのひとつのアイテムとなっている。

⑥ 「SSP でせいりせいとん　がんばりカード」（特別支援教室）

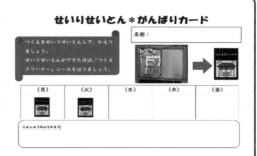

　低学年指導の際、身辺整理のスキルの定着を図るために、SSP を活用した『せいりせいとん＊がんばりカード』を作成する。その子供の目標に近い SSP を選び、それを印刷してシールにしておく。目標を達成できた時にはシールを貼りできたことを「見える化」すると、子供の意欲は高まっていく。在籍学級では、「机をこの写真のように綺麗にできると『机クリーナー名人』だね」というように SSP を学級全体に紹介しておく。そうすれば個別への支援だけでなくクラス全体への SST にもなるので、その効果は教室中に波及していく。

⑦ 「ソーシャルスキルアイテムを選ぼう」（特別支援学級）

ヤリッパ（SSM）を良いモンスターにするために、「やりっぱなしをなくすアイテムをえらぼう」と目標の意識付けを行う。

「きりかえスイッチ」「つくえクリーナー」「せいリゴコロ」の3つのSSPから自分が使ってみたいアイテムを選ばせる。教員主導ではなく、子供が自分でアイテムを選ぶことで、より主体的に整理整頓しようという気持ちが芽生える。

「ヤリッパを助ける」という共通の目標があることで、子供たちはそれぞれが目標達成のために意識し、励まし合いながら課題に取り組むことができる。個人の目標であっても、みんなで達成したという達成感をもたせることもできる。

⑧ 「SSPは学校と家庭の合い言葉」（特別支援学級）

SSPによるソーシャルスキルトレーニングは、特別支援学級の低学年にも効果絶大である。まず、SSPの中からできるようになりたいアイテムを子供に選ばせる。教員は、具体的場面とアイテムが結び付くように、子供たちが日常生活を振り返りながら選べるようにする。また、SSMと関連付けたり中学年用SSPをレベルアップアイテムとして紹介したりすると、子供は目を輝かせて取り組む。

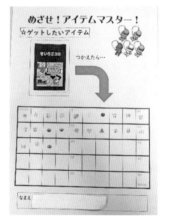

アイテムを使えた場面を見逃さないために、トークン表を用いてすぐに褒められるようにする。学校での取組が軌道に乗ったら、保護者に内容を伝え、家でもトークン表が使えるようにする。「きりかえスイッチ」「やるきのネジマキ」などのアイテム名が学校や家での共通の合言葉になり、場面ごとの理解が苦手な子供にも適切な行動が分かりやすく伝わる。「これも『きりかえスイッチ』だね」「この時も『やるきのネジマキ』が使えていたよ」と、1つのアイテムに対してたくさん経験を関連付けることで、日常的にソーシャルスキルを般化させていく。

⑨ 「転生して、よりよい自分になる」（カウンセリング）

　発達に偏りのある子供とのオンライン相談において、SSP 及び SSM を活用する。「時間の使い方」の学習で、SSM「チコクマ」を題材に選ぶ。「他人の時間を奪うことの是非」について考える時、子供が好きな動画と「きりかえスイッチ」など SSP を関連付けると、子供は納得して腑に落とすことができる。学習に意欲的になると、衝動的な行動が目立つ子供であっても「先生はどう思いますか？」と相手の様子を見ながら質問したり「〜だったんですね」と共感する態度を示したりする変化が見られるようになる。

　また、SSP や SSM を題材にすると、自分でキャラクターを作ることに興味をもつ。「『つまらな犬』は転生すると『おもしろ犬』になる」とオリジナル SSM を考え、「学校生活を『つまらな犬』で過ごすか、『おもしろ犬』で過ごすか」と自分自身の実生活と向き合うきっかけにもなる。「SSM の転生」という設定を、自分に置き換え「よりよい自分になれる」という自己理解につなげることもできる。

⑩ 「園児も使える SSP & SSM」（保育園経営）

　保育園においても個別に支援を要する園児がいるため、特別支援教育の視点は外せない。保育士を対象に園内研修を行い、SSP と SSM の趣旨や活用方法について園全体で共通理解を図る。支援の準備は職員で分担して行う。保育士がすぐに活用できるように事務職員が SSM をカード化する。個別対応の担当保育士は園児の実態に合わせて SSP

と SSM を組み合わせて対応し、子供たちの自己肯定感を下げないかかわりの工夫をする。園児は、自分に起きてしまう問題行動を SSM に置き換えてもらえるので気持ちが楽になり、その解決策として示させる SSP を前向きに受け入れる。

　SSM と SSP の実践を継続していると「年長児でも自分の気持ちをコントロールできるようになる」「問題行動を起こしてしまっても振り返りや反省ができるようにもなる」と保育士から報告が入る。園児にも保育士にも、SSP と SSM は効果的なツールになり得る。近隣の小学校と SSP や SSM を共有できると、入学時の引き継ぎも円滑に行うことができる。

ソーシャルスキルポスター・モンスター対応表

No	分類	項目	ねらい	モンスター
1	生活習慣	あいさつ	気持ちの良いあいさつができる	知らんプリン
2		整理整頓	身の回りの整理整頓をする	ヤリッパ
3		食事	マナーよく給食を食べる	まぁまぁレード
4	集団行動	切り替え	行動を切り替え、次の行動に備える	湯っ栗
5		自制心	私語を慎み、その場に応じて適切に発言する	即伝
6		状況把握	場の空気を読む	よまず
7		自制心	ふざけている友達につられない	ワンダーマン
8	友達関係	友達作り	友達を増やす	少友
9		他者理解	友達の良いところを探す	ナイナイ
10		思いやり	元気のない友達を励ます	シラクマ
11		仲裁	けんかした友達の仲をとりもつ	ミゾーン
12		思いやり	励ます対象を広げる	ドミノストッパー
13		緊急対応	いじめを見た時、適切に対処する	見ぬふり美人
14		緊急対応	いじめられていると感じた時に対処する	モヤモヤン
15	相手とのかかわり	思いやり	相手のことを考え行動する	柚子蘭
16		感謝	相手に感謝の気持ちを伝える	ブレイメンズ
17		素直	好きな相手に対し適切に行動する	はずかC
18		問題解決	トラブルを話し合いで解決する	茶化スタネット
19		他者理解	相手の心情を察する	邪魔婆
20		自制心	不快な気持ちを抑えて相手に伝える	蟻のママ
21		寛容	相手を許す	許匙
22		自制心	相手を攻撃したくなった時に自分を抑える	ミスターオイリー
23	自分の心	集中	周りのことを気にせず、やるべきことに集中する	騒象
24		発揮	緊張する場面で力を発揮する	ゴールデンバード
25		やる気	学習や活動に取り組む際に、心の準備をする	樽"ッ
26		自制心	勝ち負けにこだわらない	くやC
27		自制心	自分の非を認める	ヒトの精
28		やる気	気が進まない課題に対し、前向きに取り組む	謎蛸
29		自制心	怒りの感情を制御する	煽り屋
30		自制心	イライラした気持ちを対処する	おこりんご
31		耐性	自分の悲しい気持ちに向き合う	かなC
32		気持ちの整理	嫌なことを処理する	バックアッパーズ
33		防御	嫌なことを言われた時に気持ちの処理をする	アンコウントロール
34		自己肯定感	自分の良さに気付く	下暗し
35	新しい対処法	対処法の創造	自分用のSSを考える	おんぶだっこ

No	ベーシック	スタンダード	アドバンス	参考使用月
1	だれでもあいさつ	はやおしあいさつ	セレクトあいさつ	4
2	つくえクリーナー	せいリゴコロ	美化ピカファインダー	5
3	いろたべ	おとタデズ	三つ星マナー	4
4	きりかえスイッチ	きりかえフラッシュ	さきよみチェンジ	4
5	くちブタ	こころトーク	TPO トーク	6
6	ワイワイクラッカー	おとなシーン	空気リーダー	12
7	ふざツラレ	つられちゃったハンド	けじマジ	10
8	あそんだかぞえ	なまえメモリー	ともだちフォルダ	4
9	いいとこかくれんぼ	いいとこ神経衰弱	いいとこダーツ	11
10	だいじょうぶジョーロ	はげましタッチ	こころチア	7
11	ドッチモともだち	ともだちボンド	ともだちセーバー	12
12	はげましがえし	はげましバトン	はげま震源地	11
13	いじめジャッジ	いじめサイレン	レスキューボタン	5
14	ピンチ S.O.S	あちこちヘルプサイン	ヘルプウェブ	5
15	あいこゆずり	ゆずりゴコロ	ともだちファースト	9
16	「た」までズワリ	めづたえ	ココロモおじぎ	5
17	すきだけどリバース	すなおアクション	さりげなシンセツ	2
18	せんせいジョイント	ともだちジョイント	だちだけカイケツ	7
19	えがおカウンター	マグマレーダー	こころセンサー	12
20	かもトーク	とげぬきリハーサル	たんたんトーク	11
21	ごめんねイイヨ	ゆるさないチョコ	ゆるしの残高	6
22	いいすぎブレーキ	ぼうげんブレーキ	グサグサことばブレーキ	7
23	みみたブロック	きにしないシャッター	集中シェルター	10
24	ドキドキチャレンジ	ドキドキアクセル	ダシキレヤリキレ	11
25	やるきのネジマキ	やらねばエンジン	アイドリングモチベーション	9
26	オコラズナカズ	かちまけファンファン	しょうブンセキ	9
27	はんせいヤジルシ	いいわけブレーキ	正直ザムライ	6
28	とりあえずガンバ	たのしミッケ	なんのためさがし	1
29	いかりのフタ	いかりメーター	怒うかせんのばし	1
30	イライラエスケープ	イラけし	イライラエコロジー	10
31	クヨクヨドライヤー	かなしみタンク	ものごとリフレーム	2
32	やなことリセット	やなことシュレッダー	うちあけトライ	2
33	はねかえしミラー	チクチクスルー	グサグサエアバッグ	2
34	じぶんメダル	長短サーチ	メデメ変換	3
35	がったいアイテム	アイテムアレンジャー	アイテムメーカー	3

活用の前に（誰のためのアイテムか？）

　SSP を活用する上で確認しておきたいことがあります。それは、この支援で獲得できるアイテムは、子供のためのアイテムであるということです。

SSP のねらい

・上手に運用できるソーシャルスキルを増やすこと

・自分の気持ちの状態が分かり、自分自身をコントロールできるようになること

・できることを増やし、自分に自信を持つこと

・自分の特徴が分かり、自己肯定感を高めていくこと

・友達の状態が分かり、円滑に人間関係を築いていくこと

　自己受容が進みセルフコントロール力が高まった子供たちが学級の中に増えれば、指導や支援がしやすい学級へと変容していきます。それが、SSP が望む姿です。言い換えると、SSP は支援者が集団をまとめるためのアイテムではないということです。

　例えば、言い訳をしない方がよい場面において、「こういう時は言い訳をしてはいけません。『いいわけブレーキ』を使いなさい」とアイテムの運用を強要したとします。そうすると、子供の表面上の行動は変わるかもしれませんが、子供の内面は行動と乖離していくことになります。

　そうではなく、「ここでは言い訳をしない方がいいんだな。言い訳しないで説明できるかな？いや、ぼくは進化していきたいから、ここで『いいわけブレーキ』を使ってみよう！」と子供自身の意思が運用の起点となり、成長したいという自らの願望が運用の原動力となって行動できてはじめて、この支援法が目指す効果が生まれると考えています。

　SSP で獲得したアイテムによって、子供たちが生きやすくなり、生きやすくなった子供たちが増えることで支援者の方々の思いや願いが子供たちに届いていく、という循環を作ってほしいと思います。

理論編

ソーシャルスキルのアイテム化とは？

　ソーシャルスキルという言葉は、学校教育においてすでに身近なものとなっています。「言葉遣いや表情や身振り手振り、気持ちのコントロールの仕方など、人間関係に関わる様々な技術の総称」「社会生活や人間関係を営むために必要とされる技能」など、様々な定義や表現がなされています。

　「クラスで行うユニバーサル・アクティビティ」（小貫悟　編著）では、ソーシャルスキルを「人の社会性を作っている一つ一つの具体的な行動の基になっているもの」としています。ソーシャルスキルトレーニング（以下、SST）については、ソーシャルスキルを育てる方法論であり、「ソーシャルスキルを使って、うまくいった体験を積む場をつくること」としています。

　「ソーシャルスキルのアイテム化」とは、筆者が開発した SST の一形態であり、端的に言うと「状況に適したソーシャルスキルに、覚えやすい名前を付けてアイテム化する」ことです。

ソーシャルスキル例		アイテム
友達や先生などだれにでもあいさつをすることができる	⇒	だれでもあいさつ
相手より先にあいさつをすることができる	⇒	はやおしあいさつ
相手や状況に合わせたあいさつをすることができる	⇒	セレクトあいさつ

　たったこれだけのことですが、ソーシャルスキルがアイテム化されたとたん、子供たちにとっては扱いやすいツールへと変貌します。そして、SST としての効果を発揮し始めます。SSP を提示するだけで、興味をもった子供は自らそのアイテムを使い始めます。クラス全体で取り組めば互いの声掛けや相互評価でアイテムを用いるようにもなり、さらに、その運用は拡散していきます。

　一般的にソーシャルスキルは、「○○の時は、△△して◇◇する」のように場面・条件・実行内容が示されることが多いです。この情報を、子供たちは目の前の場面に当てはめ、瞬時に条件の微調整を行い、実行内容を想起し、最終的に行動へと移していくという作業を強いられることになります。

　しかし、アイテム化、つまり印象に残る言葉でラベリングすると、膨大な情報量を含むソーシャルスキルがワンワードで集約され、一瞬で処理できるものに変換されます。

　さらに、SSP にはイラストが併記されています。アイテム名が意味する場面と行動内容が、一コマ漫画のようなイラストで表現されているので、子供たちにとってよりイメージしやすいものになります。アイテムを具体的な行動へと直結させる速度は一気に加速します。

　子供たちが、嬉々としてアイテムを使い始める理由は、このような SSP の構造にあると考えています。

━ 【実践】ソーシャルスキルのアイテム化「目指せ！　自分の進化形」 ━

「目指せ！　自分の進化形」は、子供たちのセルフコントロール力や自己肯定感を高めることをねらいとする、年間を通したSSTです。

「目指せ！　自分の進化形」の流れ

①自分のなりたいイメージ（進化形）の絵を描き、名前を付ける

②意見を出し合い、パワーアップアイテムを作る（ソーシャルスキルのアイテム化）

③自分の良いところ、良くないところを振り返る（自分がうまく使えるアイテムと使えないアイテムを考える）

④自分の進化形をクラスで紹介し合う

⑤日々の生活の中で、お互いの良いところを相互評価する（生活の中でパワーアップアイテムを運用していたら褒め合う）

⑥学期末に振り返りをする

このプロセスを各学期繰り返します。子供たちはアニメやゲームが好きですから、「自分自身を主人公に見立て進化していく」という設定にしています。子供たちが意欲的に取り組むステージを用意し、その中で自ら進化していきたいという気持ちになるようにします。

子供たちが進化を実感できるように「クラスのみんなで作ったパワーアップアイテムを、一つ一つ使えるようになれば、自分は進化している」という設定にすることがポイントです。

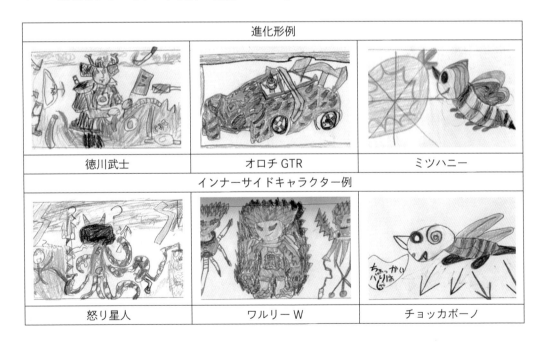

進化形例		
徳川武士	オロチGTR	ミツハニー
インナーサイドキャラクター例		
怒り星人	ワルリーW	チョッカボーノ

　自分が進化するには、クラスで意見を出し合って作った「パワーアップアイテム」を使えるようになる必要があります。

パワーアップアイテムの作り方

①クラスを良くするためにどんなことをすればいいか、しない方がいいか、意見を出す

②覚えやすい名前のアイデアを出し合う

③多数決で名前を付ける（ラベリング）

　自分たちが進化するために必要なソーシャルスキルを出し合い、自分たちが覚え、使いやすくなるようなラベリングをして、アイテム化します。このプロセスが「ソーシャルスキルのアイテム化」です。

●例えば…

①クラスの意見を出す：「先生が話を始めたら、作業を止めて先生の話を聞いた方がよい」

②名前のアイデアを出す：「すぐヤメ」「きりかえスイッチ」「トークストップ」など

③多数決で「きりかえスイッチ」に決定

●例えば…

①クラスの意見を出す：「良くないことをした時は、言い訳をしない方がよい」

②名前のアイデアを出す：「ダメいいわけ」「いいわけブレーキ」「しょうじきトーク」など

③多数決で「いいわけブレーキ」に決定

　クラスの実態に合ったソーシャルスキルは、子供たちの手でアイテム化されることでクラスの共通言語になります。それは子供たちの行動指針となり、運用の意欲を高めるものとなります。やがてはクラスの文化となって、子供たちの進化を支える足場となるのです。

アイテム化

言い訳をしないようにしよう → 「いいわけブレーキ」を使おう！

インナーサイドキャラクターを設定しよう

　自分が進化するためにアイテムを運用することで、子供たちはその場に適した行動ができるようになります。うまく使えるアイテムもあれば使いこなせないアイテムもあることが分かり、自己理解も進むでしょう。

　子供たちがさらに自分自身と向き合えるようにするため、ここに「インナーサイドキャラクターの設定」を加えます。

　なりたい自分のイメージ（進化形）の対立軸として、負の自分を操る「インナーサイドキャラクター（以下、インキャラ）」を新たに設定します。子供たちはアイテムを使いながら自分の中にある「進化形」と「インキャラ」の両者のパワーバランスを保とうとしていきます。

　その過程の中で、子供たちはセルフコントロール力を高め、さらには自己受容できるようになっていきます。

インナーサイドキャラクター設定の流れ
（④までは「目指せ！　自分の進化形」と同じ）

①自分の進化形の絵を描き、名前を付ける

②クラスで意見を出し、パワーアップアイテムを作る

③自分の良いところ、良くないところを振り返る

④クラスで紹介し合う

⑤インキャラの絵を描き、名前を付ける

⑥日々の生活の中で、お互いの良いところを相互評価する

　（生活の中でパワーアップアイテムを運用していたら褒め

　合う）

⑦インキャラと進化形と対峙させながら、アイテムを使って自分をコントロールする

⑧学期末に振り返りをする

　自分が「なりたい姿」と「好きになれない部分」とを視覚的に捉え、アイテム化されたソーシャルスキルを運用することで、子供たちは自分自身のことに気付いていきます。友達に認められ、自分自身で進化の実感が味わえると、子供たちは少しずつ自分を受け入れられるようになります。

　しかし、情緒的な課題のある子供にとって、負の自分と向き合うことはハードルが高いです。負の自分と向き合う前に、様々な場面に運用できるソーシャルスキルを十分に身に付け、自分自身を受け入れる構えや余裕を作ることから始めます。

　（※詳しくは『子どもが思わず動きだす！ソーシャルスキルモンスター』P37〜41へ）

SST の課題「般化」と SSP の可能性

　発達に課題のある子供たちへのアプローチとして、SST は長く用いられ、その効果を発揮してきました。SST に関する多くの書籍が次々と発刊されている現状を見ても、この支援法は特別支援教育において今でも重要な役割を果たしています。

　一方で、長らく課題となっているのは「般化」です。「般化」とは、辞書では「ある特定の刺激と結びついた反応が、類似した別の刺激に対しても生ずる現象」（大辞林）とあります。つまり、授業など限定的な場面で学んだことを日常生活など他の場でも発揮できることの意です。「般化」できることを一つでも多く積み上げ子供の「自立」を最終目標に掲げます。しかし、SST においてはその「般化」が起こりにくいという課題があります。

　一般的に SST は、通常学級に在籍する子供に、特別支援教室などの小集団場面で、ワーク、アクティビティ、エクササイズという形で実施されます。母集団と切り離されていること、少人数であること、遊びの要素を含んだ活動であることなどから、子供が成功体験で終えそれを積み重ねていけるように構成されています。したがって、この整えられた条件であれば、子供は学習して身に付けた力を再現できるようになっていきます。

　しかし、その身に付けた力を、母集団である通常学級など他の場面で発揮するのは、容易なことではありません。それを「般化できない」「般化が難しい」と表現し、今でも SST の課題として残っています。　その大きな課題である「般化」において、SSP には大きな可能性があると考えています。理由は以下の通りです。

・アイテム名、もしくは SSP さえあれば取り組める（他に特に必要なものがない）
・集団場面（通常学級・特別支援学級・特別支援学校など）で取り組める
・小集団場面（特別支援教室など）で取り組める
・通常学級と特別支援教室で、通常学級と特別支援教室と家庭で連携できる
・集団場面では、整えられていない条件でトライ＆エラーを繰り返しながら取り組める
・集団場面では、子供同士で相互評価できるので、教員の目の届かないところまで見取れる

　これらのことから、SSP は「般化」に強い SST であると考えています。特に重要な要素は、「般化が起きてほしい場面で取り組める」「特に必要なものがない」「失敗が許され、それが痛手になりにくい」などであると思います。いつでも、どこでも、誰でも実施が可能であるが故に、SSP は「SST のユニバーサルデザイン化」と言うことができると考えます。

SSP 流アンガーマネジメント

　「『怒りの感情』をいかにコントロールするか」という問題は、子供自身はもちろん、支援者の多くを悩ませます。「怒り」にフォーカスした本質的な理論や解決策の解説は専門書に譲るとして、ここでは「アンガーマネジメントに SSP をいかに活用していくか」という話をします。SSP 流アンガーマネジメントとしては、次の 2 点を提案します。

● 「怒り」のメカニズムを知る

　「水が並々と入ったヤカンが火にかかっていて、猛烈な勢いで沸騰している」場面を想像してください。そのヤカンに対し「沸騰してはいけません！」「湯気を出すな！」「蓋をカタカタ言わせるんじゃない！」という言葉かけがいかにナンセンスであるかは言うまでもありません。適切な対応としては、「ヤカンを火から下ろす」「コンロの火力を弱める」「ヤカンの蓋を外す」「ヤカンに入れる水の量をはじめから調整しておく」などでしょう。

　「怒り」についても同じようなことが言えます。「怒り」は第二次感情と言われ、「つらい」「悲しい」「心配」「不安」「苦しい」「さみしい」などの第一次感情が許容量を超えた時、私たちに分かる形で出現します。怒りにあえぐ子供を前に「『いかりのフタ』使いなさい！」「『いかりメーター』使うって言ったでしょ？」「『怒うかせんのばし』、高学年なのに使えてないじゃん？」と言う具合に SSP を使ったところで、効果が出ないのは当然のことです。

　適切な対応としては、子供が自分では言語化できない第一次感情、つまり「心」に生じた負の感情や過緊張の原因を周りの大人が探し当てて、それを一つ一つ解消していくことです。その過程の作業に SSP を用いていきます。分からないことやできないことがあれば「せんせいジョイント」、悲しい時は「うちあけトライ」、やる気が出ない時は「やらねばエンジン」などを用いて、第一次感情を間引いていきます。

　そうした支援があることが前提となって、子供たちは少しずつ自分をコントロールできるようになり、次第に「怒りの制御」に挑んでいくことができます。そこで、怒り制御系の SSP の出番となります。「真打ち」は、「前座」「二ツ目」の後、最後に出てくるのです。

いかりのフタ

いかりメーター

怒うかせんのばし

● 「予防」と「収束」に徹する

　キレやすく衝動性の高い子供に、「怒らない」と言う目標を掲げさせるのは、大変難儀なことです。安易な目標設定は、失敗経験の積み重ねになり、子供自身に失望感を味わわせてしまいかねません。前述の通り、子供が「怒り」を制御し、結果的に「キレない」「怒らない」という状態になるには、適切な支援の積み重ねと変容のための時間が必要です。

　指導現場ではまず、「予防」と「収束」に徹することから始めます。もし、子供が「怒らないようになりたい」と自ら目標を設定した場合、大きな目標に挑むその姿勢は最大限尊重します。しかし、それと同時に、「たとえキレたり怒ったりしても、それは仕方のないことだから気にしないようにしようね」と予防線を確実に張っておきます。「怒り制御系のアイテムは、難易度が高いから、できなくて当然だから」と他のSSPとの差別化も忘れずにします。とにかく、結果的にどうなったかよりも、「予防のために何をして」「収束のために何をしたか」に子供の意識を向けさせ、そこでの成功体験の積み上げをしていきます。

　予防策、および収束策の例を下に示します。

予防策の例	活用できるSSP例
・イライラしてきた自分に気付ける ・「休憩したい」と言える ・「助けてほしい」と言える ・「回避したい」と言える	いかりメーター ピンチS.O.S うちあけトライ イライラエスケープ
収束策の例	活用できるSSP例
・落ち着くための場所に避難できる ・クールダウンの仕方が分かる ・イライラを発散することができる ・自分の良くなかった部分に目を向ける ・謝ることができる	イライラエスケープ せんせいジョイント イライラエコロジー・やなことシュレッダー はんせいヤジルシ ごめんねイイヨ

　これらのように、制御不能状態での勝負は敢えて避け、怒りが最高潮に達する前と、爆発後収束に向かうまでの途中で、幾重にも組んだ仕掛けを発動していきます。そうすれば、「キレちゃったけど、『イライラエスケープ』は使えた」「暴言は言っちゃったけど、『ごめんねイイヨ』が使えた」という具合に、子供の小さな頑張りを拾うことができます。

　こうした地道な積み重ねが子供の自信となり、大きな目標へ挑む、心の構えができてくるのです。そして、その頃には子供の中に、状況を打開するためのソーシャルスキルが複数備わっているはずです。

SSP にはなぜ効果があるのか？ 心理学的な背景理論

●理論①　自己教示トレーニング

　「自己教示トレーニング」は認知行動療法の一つで、「言葉による行動調節機能を治療に取り込み、自分自身に適切な教示を与えることによって適応行動の獲得と遂行を容易にすること」です。子供たちが自分で発した言葉で自分を説得することで、目的とする考え方、行動や習慣ができるようになるトレーニングだと言えます。

　自分のなりたい像をイメージし、そこに近づくためにアイテムを運用していくという SSP のプロセスが、自己教示トレーニングになるのです。アイテム化によって記銘や想起もしやすくなるところが、さらに、効果を生み出す要因だと考えています。

●理論②　自己強化

　セルフコントロール技術の一つに「自己強化：個体が自分の行動に対して自ら強化を随伴させる」という技法があります。自らに課した目標を達成するために、自分自身に"アメ"と"ムチ"を与え、望ましい結果を生み出すことを言います。例えば、「○○日までに通知表の所見を仕上げたら、前から欲しかった××を買う」のように、自分の行動を望ましい方向へ導くために、自分にご褒美や罰を与えるものです。

　SSP ではムチ（マイナス要素）を設定することはしませんが、SSP を運用することで、支援者の即時評価や子供同士の相互評価という"アメ"を得ることができます。さらに、「アイテムが使えた！」「なりたい自分に近づけた！」という自己評価は子供自身の進化（成長）の実感となり、次の進化へのモチベーションと十分なり得るものです。

●理論③　問題の外在化

　「ブリーフセラピーの極意」（森俊夫 著）では「問題の外在化」について次のように解説されています。「問題の外在化」とは、「家族療法や社会構成主義の文脈の中から生まれてきたナラティブ・セラピーにおける一つの考え方であり、治療スキルですが、要は、もともとはクライエント個人や家族といった周囲の人々の内側に存在していた『問題』を、その外側へと取り出し、取り出された（外在化された）『問題』に対してどう対処するかを、皆で一緒に考え、実行していくという方法のこと」です。

　例えば、筆者が担任をもったある子供には、友達に嫌味を言われるとムキになって言い返してしまい、トラブルを大きくしてしまうことがありました。そこで「そんなに強く言い方をしない方がいいよ。相手もどんどんエスカレートしてしまうから」と話したところ、「先生、私

が悪いんですか？　何で私が怒られなきゃいけないんですか？」と、強い言葉で言い返してきました。そんなやりとりを1年近く続けても、その子に変容は見られませんでした。

　しかし、アイテム化の実践を始めると、大きな変化がありました。「相手に言われたことややられたことをそのまま跳ね返してしまう」というソーシャルスキルをアイテム化して「はねかえしミラー」（ホップアイテム）が設定されました。つまりそこでは、その子の中にあった課題が外在化されます。すると、1年間、声かけに耳を傾けなかったその子が、友達とトラブルになり、相手に強く言い返した瞬間に「私、『はねかえしミラー』、使っちゃった…」と自らの行為を客観的に捉えるようになったのでした。その後、その子が「はねかえしミラー」を使う頻度は減少していきました。

　外在化されると、子供は問題を客観的に捉えられるようになります。そして、冷静に対処を考えることで、セルフコントロール力を高めていくことができるのです。

●理論④　解決志向アプローチ

　「解決志向アプローチ」とは、家族療法をルーツに持つ短期療法（ブリーフセラピー）の一つで、「ブリーフセラピーの極意」（森俊夫 著）では「『問題』や『原因』に焦点を当てない、そもそも『問題』から出発しないという発想に基づいたやり方のことで、人々が『解決』を手に入れることに役立つものだけに焦点を当てる方法」と説明されています。

　あるトラブルが起きた時、その原因や内容など、そのトラブルが含む問題に焦点を当てて解決策を導き出していくことを「問題志向」と言います。一方、原因の追究はせず、「どうしていきたいか？」「どうなっていきたいのか？」という解決像をイメージし、それに向けて始めていくことを「解決志向」と言います。子供が現在持ち合わせている力をベースに、自分自身を進化させていくという点で、SSPは「解決志向」だと言えます。

　何か問題行動があった時、私たちはその原因を考え、対策を練ります。しかし、その子の家庭環境等に起因するものであると特定された場合、学校にできる範囲で対応していく状況になることは多々あります。しかし、SSPではうまく使えないアイテムがあったとしてもその原因を探ることはしません。できないことがあっても、そこがスタートラインになります。

　「できる」が基準になると「できない」はマイナススタートですが、「現時点」が基準になれば「できない」があってもゼロスタートになります。周りにできて自分にできないことがあると「自分は〇〇ができない…」と自信を失ってしまいますが、SSPでは例えできないことがあっても「自分は△△というアイテムを持ってないだけだから」と捉えやすくなります。

　運用できるアイテムが増えれば増えるほど子供たちの自己肯定感は高まり、運用できないアイテムがあっても自己肯定感が下がりにくい最大の理由はここにあるのです。

アイテム化のメリット

「ソーシャルスキルのアイテム化」のメリット

・どんな場面にも使えて手軽

・クラスや子供の実態にアジャストした行動目標

・試合で練習する感覚

・「できない」ではなく「もっていない」だけ

・スモールステップ

・全体でも個別でも使える

アイテムメーカー

● どんな場面にも使えて手軽

　目標に対し、想起しやすくて行動や思考を促すようなラベリングをするだけなので、手軽に、様々な場面の課題に対応することができます。しかし、大きな効果を生み出すためには、子供たちが意欲的に取り組めるようなステージの設定をしっかり行う必要があります。

　既存のSSTは、1つの課題に対し1つのアクティビティに取り組むことが多いですが、この支援法は、一度ステージが整えば、集団行動、身辺自立、感情コントロール等、様々な課題を支援の対象とすることができます。

● クラスや子供の実態にアジャストした行動目標

　この支援法はクラスや子供の実態やニーズに即したものをアイテム化していくというものです。クラスや子供のセンシティブな実態や状況にアジャストした支援を行うことができます。

● 試合で練習する感覚

　「通級指導などの小集団では力を発揮できても、通常学級などの母集団ではその効果を発揮できない」という状況は長らく教育現場の課題となっています。練習でできても本番でできない。野球でいうと、ブルペンではよい投球ができるのに試合では思うような投球ができないピッチャーのようです。

　しかし、この支援法は母集団の中で運用の練習をして、そしてその上達を促していきます。つまり試合中に練習のつもりでトレーニングを積むという感覚です。仮想場面での疑似体験ではなく、リアルな場での実体験で成長を促します。

●「できない」ではなく「もっていない」だけ

　周りの友達に比べてできないことが多いと、子供たちの自己肯定感は下がっていきます。しかし、この支援法では「できない」ではなく「〇〇アイテムを持っていないだけ」と考えます。もちろん、アイテムがうまく運用できない時などは自己肯定感は下がる可能性もありますが、フォローを適宜行いながら、子供の気持ちをマイナススタートではなくゼロスタートに持っていくことができます。

●スモールステップ

　「アイテムが難しすぎる」という場合も考えられますが、行動目標も簡単に変更することができます。例えば、友達とトラブルを起こした時、「自分の良くなかったとこを洗いざらい言うことができる。（正直ザムライ）」という設定が難しかったとすると、一つ段階を下げて「言い訳をしない。（いいわけブレーキ）」と再設定することができます。それでも難しい場合は「自分の良くないところに目を向けることができる。（はんせいヤジルシ）」に設定することも可能です。

　クラスや子供の発達の最近接領域に迫り、それが難なくクリアできるようになったら、ちょっと背伸びすればできそうなことをアイテム化して取り組ませていくことができます。

●全体でも個別でも使える

　本書ではクラス全体で行うことを前提にしていますが、決してそうしないと効果が出ないわけではありません。クラス全体で展開するのが難しい場合は、支援の対象となる子供と支援者との関係の中で実施し展開していくことも可能です。

　クラス全体を巻き込んだダイナミックな効果は期待できませんが、その子供が意欲的に取り組みたくなるようなステージさえ整っていれば、十分効果は期待できます。

●モンスター（SSM）と対応して使える

　既刊「子どもが思わず動きだす！ソーシャルスキルモンスター」で35体、「子どもの心が軽くなる！ソーシャルスキルモンスター」で50体、計85体のモンスターが用意されています。35体のSSMは、本書を含めたSSP三部作の計105アイテムと完全対応しています。「ソーシャルスキルのアイテム化」を用いれば、まだSSP化されていないアイテムも容易に設定することができます。SSMを「的」に、SSPを「弓と矢」にして「的を射た」支援をしていきます。

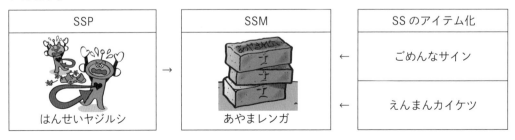

SSP		SSM	SS のアイテム化
はんせいヤジルシ	→	あやまレンガ	← ごめんなサイン
			← えんまんカイケツ

ポスター×モンスターで
子供たちをサポート

通常学級での SSP×SSM

　新しい年度になり、1年生を担任することになりました。初めて低学年を受け持つことになり、落ち着いた学級に育てたいと思っていました。すると、隣のクラスの担任から「SSPを使うと子供を叱らないですむ」という話を聞きました。なるべく叱らないで子供とかかわりたいと思っていたので、私もSSPを実践することにしました。

　実際、活用してみると効果てき面で、1年生でも状況に応じて「きにしないシャッター」「こころトーク」が使えるようになっていきました。アイテム（SSP）の名前を紹介し、その性能・効果を説明するだけで、子供たちは実際に行動に移していきます。「先生に褒められたい！」という気持ちもあり、「先生、アイテム使えてるよ！」というアピールもしながら、子供たちは率先してアイテムを使っていきました。

　SSMを使うまでもなく、子供たちはSSPで自分たちの行動をまとめていくことができました。

　次年度、クラス替えはあったものの学年は持ち上がりました。新しいクラスには多動傾向の強いA児がいました。ずっと席に座っているのが難しく集中も続かず、離席をしたり周りの友達にちょっかいを出したりしていました。「A児を落ち着いた環境で過ごさせたい」「A児を叱る機会を極力少なくしたい」「A児に対する周りの子供からの評価を下げたくない」と思い、今回はSSMも併用することにしました。

　T「なんかうるさくなる時ってあるよね？」
　C「ある」
　T「先生たち、大人だってそういう時あるんだよ」
　C「そうなんだ」
　T「それって、もしかしたら『サワガニぃ』の仕業かもしれないよ」
　とSSMの説明をしました。「『サワガニぃ』も騒がしくしたくてしている訳ではないから。退治しないで一緒に過ごせる方法は『きにしないシャッター』をみんなが使うことだよ」とも伝えました。その日から、周りが騒がしくても「きにしないシャッター」を使い、今やるべきことに集中している子供を称賛し、価値付けし続けました。たとえA児にちょっかいを出されても「『サワガニぃ』の仕業だから仕方ない。自分は『きにしないシャッター』が使えるから使おう」という雰囲気がクラス全体に広がっていきました。

ある日の体育の時間のことです。A児は活動場面になるとテンションが上がり、普段よりも落ち着かなくなりました。準備運動の手本を示そうとした私に、A児は抱きついてきたり負ぶさってきたりしてきました。そこで、私は子供たちに「シャッター、強め！」と言い、まとわりついてくるA児にはまったく反応しないで、準備運動を最後まで続けました。準備運動をしながらその様子を見た子供は「先生、すごい」「シャッター強め、格好いい」と口々につぶやいていました。A児は、私がまったく反応しないので、その場を少し離れた後に戻ってきて、やがて体育の活動に参加していきました。周りの子供たちをSSPで鍛え、SSMも用いたことでA児の評価も下がらず、そしてA児を叱らずに活動へ引き戻すことができた瞬間でした。

　準備運動時の「シャッター、強め」のエピソード以降、子供たちも「きにしないシャッター」の強度を上げていくことに挑戦しました。1年生との交流授業を前に、「1年生は『サワガニぃ』が出ちゃっても仕方ないから、君たちが『シャッター、強め』にすれば、1年生の『サワガニぃ』も大人しくなるよ」と伝えました。すると、子供たちは上級生らしく見せたいという気持ちも相まって、強めの「きにしないシャッター」を使い、態度で上級生としての振る舞いを示すことができました。

　学年で相談した訳ではありませんが、隣のクラスでもSSPを活用しています。主に使っているのは「こころトーク」と「きにしないシャッター」と「はやおしあいさつ」です。学年集会や運動会練習などの合同授業などの場面で、「『きにしないシャッター』使えてすごいね！」「さっき、『こころトーク』使っていたね」という声かけが、他のクラスの子供であっても通じると、SSPの有効性を改めて実感します。活用していないクラスの子供も、アイテム名を聞いて行動を変えていく友達の姿を見て、見よう見まねで行動改善していきます。教員間で、扱うSSPやSSMの目的や活用場面、活用方法を共有したら、その効果はさらに高まると感じています。

　軽い気持ちで始めたSSPとSSMの実践ですが、その趣旨通りに、注意することが減り、褒める機会が増えました。「これがまさに、子供の自己肯定感を下げない指導なのか」ということを実感しつつ、今日も子供たちと向き合っています。

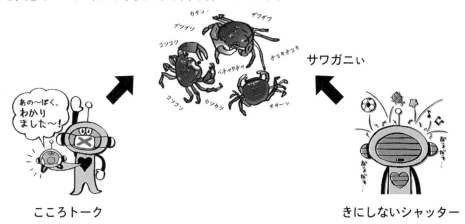

サワガニぃ

こころトーク　　　　　　　　　　　　　　　きにしないシャッター

② 臨床心理士が考える SSP & SSM の魅力

SSP は、子供の行動変容を促すことができる画期的なソーシャルスキル教育の技術であると思います。その理由は次の4点にあります。

●理由1　シンプルかつ分かりやすい

SSP では、キャラクターたちがソーシャルスキルを使う場面がイラストになっています。そのソーシャルスキルは1つの「アイテム」として存在します。

発達に偏りがある子供への支援は「とにかく視覚化すれば良い」と思われている傾向があります。巷では秩序なく視覚情報が氾濫し、大事なことが分からなくなっている教材も見かけますが、SSP はシンプルなイメージとネーミングが組み合わせられています。「1場面・1スキル・1フレーズ」が目や耳に残りやすく、アイテムの内容や使うタイミングが合図化されているので、子供たちが注意を向けやすく、日常場面ですぐに使える教育のデザインだと言えるでしょう。子供は語感のよいものを好むので、アイテムの名前をおまじないや合言葉的に用いて自己強化につながります。

●理由2　子供が興味をもてる魅力が満載

SSP には、表情豊かでコミカルなキャラクターが出てくるので、子供たちは一目見るだけで興味津々です。そして、必ずといっていいほど声を出してアイテム名を読み、絵を見ながら何のスキルか当てたがります。パッとみただけで気になるという子供の興味の等身大をいくのが、この SSP の魅力です。

実践では、「あなたはこのスキルを持っているか？　持っていないか？」という観点で話題にします。最近は演出が楽しくなり、スマホゲームかのように気軽に「アイテム収集率」の話をし、SSP を獲得できるようにサポートします。「基本的にはいつどこで獲得できるかわからないが、獲得する前には大抵試練がある」「試練を乗り越えて得られたソーシャルスキルアイテムは、スーパースペシャルレア」「アイテム獲得後は使えるようになるけど熟練度もあるからそう簡単には習得できない」など、転んだ先のフォローも入れます。

日常の冒険家である子供たちはコレクター精神をくすぐられ、さらにそのソーシャルスキルを意識するようになります。SSP は、これまでのような「教えられる」ソーシャルスキル教育ではなく「自分から掴み取りに行く」ソーシャルスキル教育に転換できる要素が特徴で、主体的な学びでもあります。

●理由3　心理学的にも納得の「子どもが変わる」背景

「できないから」という前提でスタートする学びは、五感を許して安心して受け入れることは難しいです。自信がなく萎縮してしまったり、反発や抵抗が出てきたり、モチベーションが下がったりすることが多いです。

SSPでは、ソーシャルスキルを「できないのではなく持っていないだけ」という外在化の文脈で活用されるため「子供を責めない構造」になっています。そのため、「あなたはできない。だから教える」という視点はまず存在しません。また、子供の問題行動について考える時には、往々にして「何が原因で起きているのか」という『問題志向』になる風潮があります。しかし、原因論は責任論とともに語られることがあるので、これらも子供の学びを萎縮させてしまう考え方です。でも、子供の問題行動に対して、「このアイテムを持っていないから起きているだけ」という見方でかかわれば、今のありのままの子供の様子を原点として捉えるため、原因探しからは遠のきます。子供の今を受容しつつ、「どんなふうになれればいいか」という未来の変容に目標をおく『解決志向』をもたらしてくれるのもSSPの特徴です。

●理由4　汎用性の高さ

　SSPは、特別支援教育はもちろん、通常学級でも相談室でも活用できるユニバーサルデザイン化されたソーシャルスキル教育です。さらに言えば、家庭の中での子供の関わりにもすぐに活用できる点も魅力です。対象や場面を限定せず使えることに大きな意義があります。

　SSPをカード化したものを子供と一緒に並べて「どんな場面で多く使うか」「難易度順に並べる」「違うスキルでも似たような場面で役に立ちそうなスキルは何か」などカテゴリ化します。そのようなやりとりを通し、子供は自分の行動を言語概念化しやすくなり、その結果、自分の行動を客観視できるようになり、自分の中で行動をまとめあげていきます。

　また、慣れてくると子供は自分のオリジナルキャラクターを考えだしてソーシャルスキルをアイテム化していきますし、サブアイテム（「これがあればもっと頑張れる」のようなもの。ご褒美など）を作り出した子供もいます。掲示されているポスターや手に持ったカードは守護神的な存在になり、信頼関係ができれば、言葉のやりとりなく行動のスイッチングを後押ししてくれることもあります。このように、SSPは、とにかく幅広く色々な形で活用ができる内容に仕上がっています。

　通常学級や特別支援教室などで手軽に、かつ効果的に取り入れていくことを中心に考えられた内容なので、SSPをたくさんの学校の先生方に知っていただきたいです。ソーシャルスキル初学者でも分かりやすく、特別な準備も研修も重ねる必要がないので、「子供たちにソーシャルスキル教育を行いたいと思っているがなかなか忙しく手が出ない」という方には自信を持ってお勧めできます。多忙な教育現場でも実践できるソーシャルスキル教育のデザインになっています。

　SSPは、ソーシャルスキル教育に新風を吹き込んでくれるものだと思います。

③ 日常に定着した SSP と SSM

　SSP や SSM が好きな息子は、ソーシャルスキルポスターの本をよく読んでいる。寝る前に読み聞かせをすることも多く、生活の中で SSP や SSM の名前が登場することも多い。最近では保育園年長の娘も読むようになった（ルビがない漢字は父が読んでいる）。我が家では SSP や SSM を使った会話がすっかり日常的となり、兄妹でオリジナルアイテムやキャラクターを描いて遊んでいることもある。SSP、SSM の子供への（実は大人へも）影響力はすごい。

　そんな我が家でのエピソードをいくつか紹介したい。

　よく勃発する兄妹げんかでは SSM が有効である。「あれ、今『おこりんご』出てきてる」と私が言うと、「そんなことない！『ロボきちんと』（次男のオリジナルアイテム。無敵）ですぐ倒せる」との次男の返事。そうやって話題をアイテムに向けていくと、いつの間にかイライラを忘れてアイテムを考えるモードになっていく。こわばった顔が笑顔になるのである。一方、「ごめんね」と兄に言われてもむくれ続けている妹に、父が「あれ『ごめんねいいよ』使えるんじゃなかったけ？」と話しかけると、渋々「いいよ」と言えることが多い。その流れで、新しいアイテム『イライラごみばこ』やモンスターを考える話になっていく。常にオリジナルのアイテムやモンスターを生み出し続けている 2 人のお風呂でのけんかのエピソードである。

　また、家族でコロナの自宅療養しているとき、毎日部屋で過ごすことが不安になり、次男（2 年）が泣き出すことがあった。少しして落ち着くと、「お父さん、新しいモンスターとアイテム考えた」と次男が言う。『不安ゴースト』と『だいじょうぶだよ薬』について、10 分くらい語っていた。自分の目に見えない不安な気持ちをモンスターとして形にし、その対応策（アイテム）を考えることで、無意識に気持ちの安定を獲得しようとしているように見えた。民俗学の妖怪システムにも似た、人間の安心獲得のシステムになる可能性を SSP、SSM に感じた瞬間であった。

　下の絵は 2 人がオリジナル SSP、SSM を描いたものである。『くくくま（いつも「くくくっ」と言っている）』『きらきらぱうだー』『すぽーつどりんく』『ちらがみ（ちらっと見る）』『いらいらごみばこ』『かわいいはな』『リズムいや』『ゴロゴロストーン（ごろごろ転がる）』『不安ゴースト』『だいじょうぶだよ薬』『虫むし（無視）』『くまクマ（夜ふかしでクマができたくま）』『早ね早おき』、書き下ろしです。

④ キッズヨガ教室で

　子供たちが自分や周囲との調和を保つ上でソーシャルスキルは重要ですが、ヨガの観点からみても「人と調和する」「自分を大切にする」「自分を知る」という点で、とても大切なものだと言えます。このスキルを、子供に分かりやすく馴染みやすく提示してある SSP を見た時「ぜひ子供たちと一緒にやりたい」と思い、実践することにしました。しかし、習い事教室であるキッズヨガのレッスンは週 1 回 1 時間。限られた時間で子供たちと一緒に SST を学び、浸透させるために、下のような手順を考えました。

キッズヨガクラスでの実践

① 「SSP 一覧表」を作成し、子供たちに配る

② SSP を見やすいカードサイズにし、裏面に説明を書く

③ カードを広げ子供たちと見ながら、SSP の名前や内容を確認する

④ 自分が苦手なことや直したいと思うことを考え、みんなで話し合いながら、子供たちは自分の課題と向き合う

⑤ 自分が取り組んでみようと思う SSP を選び、「報告カード」を持ち帰る

⑥ 1 週間各々が決めた課題にチャレンジし、SSP を使えたら「報告カード」に記入する

⑦ 次のレッスン時に「報告カード」を提出し、使えた SSP を「SSP 一覧表」にチェックする

⑧ また同じ課題でも、違う課題に変えても、複数の SSP にチャレンジしてもよいことにする

（③～⑤を毎週レッスン時に繰り返し、自らやりたいと思ったことにチャレンジさせる）

　キッズヨガにくる子供たちは、ほとんどが通常学級に通っています。学年も違えば学校や環境も違うため、抱えている問題も様々です。クラスで同じ課題に取り組むのではなく、個々が自分で目標設定する形で取り組みました。また、取り組みの中で子供たちの話を聞いていると、学校だけでなく、家庭での親や兄弟姉妹との関わりでアイテム（SSP）を使う子供が多く見られました。もっとも身近に感情をぶつけてしまいがちな家族との関係を築く上でも、SSP が役立つことを実感しました。

SSP で課題を決めている様子

　SSP を手のひらサイズのカードにします。子供が SSP の内容を自分で読んで理解できるように、裏面に解説を入れます。「日常の中でどんな問題にぶつかりやすいか」「自分にはどんな課題があるのか」を考えながら、自分に合ったアイテムを選んでもらいます。一人一人が自分の課題を明確にすることで、目標がはっきりして取り組みやすくなります。

●実践した子供たちの感想

「じぶんメダル」

　自分を褒めるのが苦手だけど、このアイテムを使って「よくがんばったな」と思えるようになった。

「みみたブロック」「集中シェルター」

　学校で周りの友達がうるさい時や、家で兄弟がうるさい時に使って、勉強に集中することができた。

「イライラエスケープ」

　お姉ちゃんとよくけんかをするから、その時にこれを使ってけんかを回避できるようになった。お母さんに理不尽に怒られた時に、自分の部屋に行ったらとても落ち着いた。

「ドキドキチャレンジ」

　仲の良いお友達が休んだ時に、違う友達に自分から声をかけて遊ぶことができた。

　ソーシャルスキルは、日常をより楽しく豊かに生きるために大切なスキルであり、一生役に立つものです。このSSPは、子供の頃からソーシャルスキルを楽しく学べるとてもよいツールです。自分自身も周囲の人も傷つけることなく、調和を保つにはどうしたらよいかを自然と考えるきっかけになり、これはヨガにも通ずるものがあると感じます。

　大人でも難しいことやできていないことがあるので、親や先生も子供たちと一緒に取り組んでほしいです。

ポスター編

ポスターの使い方

ポスターの構成

　左ページにポスター、右ページにポスターの読み聞かせのことば、注意事項を記載しています。本書を逆開きにして子供たちにポスターを見せながら説明をすることができます。

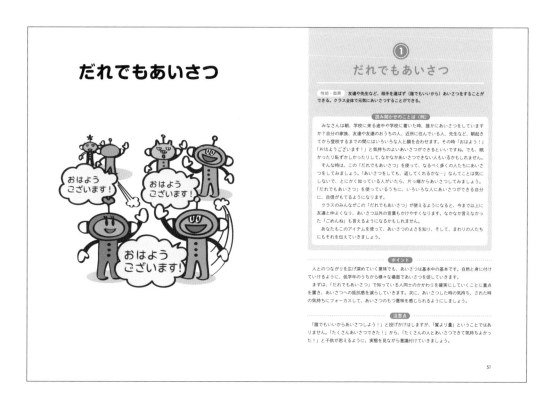

性能・効果

　ポスターがもつ効果、性能を表しています。子供たちに身につけて欲しいソーシャルスキルを確認しましょう。

読み聞かせのことば（例）

　ポスターを子供たちに提示する時に、読み聞かせることばの例を示しています。子供たちの実態に応じて適宜変更してください。子供たちがポスターを自ら使いたくなるような説明をすることがポイントです。

ポイント

　ポスターを活用する上でのポイントをまとめています。

注意点

　ポスターを活用する上での注意点をまとめています。クラスの実態によって運用の仕方が変わる場合もあります。

CD-ROM を使用するに当たって

収録データの解説

CD-ROM に収録されているデータは PDF 形式です。「ポスター」と「説明文」の 2 ページで 1 ファイルとして作成しています。

使い方

付属 CD 版のポスターには、ポスター名が記載されていません。クラス全体でつけた名前を自由に書き込んで使用してください。ポスターイラストは、さまざまなソーシャルスキルに対応できるように作成しています。

使用上の注意点

【必要動作環境】

CD-ROM を読み込むことができるコンピューターでお使いいただけます。OS のバージョンは問いませんが、処理速度の遅いコンピューターでは動作に時間がかかることがありますので注意してください。

【取扱上の注意】

・ディスクをもつ時は、再生盤面に触れないようにし、傷や汚れなどをつけないようにしてください。

・直射日光が当たる場所など、高温多湿になる場所を避けて保管してください。

・付属の CD-ROM を紛失・破損した際のサポートは行っておりません。

・付属の CD-ROM に収録した画像等を使用することで起きたいかなる損害および被害につきましても著者および（株）東洋館出版社は一切の責任を負いません。

だれでもあいさつ

だれでもあいさつ

性能・効果　友達や先生など、相手を選ばず（誰でもいいから）あいさつをすることができる。クラス全体で元気にあいさつすることができる。

読み聞かせのことば（例）

　みなさんは朝、学校に来る途中や学校に着いた時、誰かにあいさつをしていますか？自分の家族、友達や友達のおうちの人、近所に住んでいる人、先生など、朝起きてから登校するまでの間にはいろいろな人と顔を合わせます。その時「おはよう！」「おはようございます！」と気持ちのよいあいさつができるといいですね。でも、眠かったり恥ずかしかったりして、なかなかあいさつできない人もいるかもしれません。

　そんな時は、この「だれでもあいさつ」を使って、なるべく多くの人たちにあいさつをしてみましょう。「あいさつをしても、返してくれるかな…」なんてことは気にしないで、とにかく知っている人がいたら、片っ端からあいさつしてみましょう。「だれでもあいさつ」を使っているうちに、いろいろな人にあいさつができる自分に、自信がもてるようになります。

　クラスのみんながこの「だれでもあいさつ」が使えるようになると、今まで以上に友達と仲よくなり、あいさつ以外の言葉もかけやすくなります。なかなか言えなかった「ごめんね」も言えるようになるかもしれません。

　あなたもこのアイテムを使って、あいさつのよさを知り、そして、まわりの人たちにもそれを伝えていきましょう。

ポイント

　人とのつながりを広げ深めていく意味でも、あいさつは基本中の基本です。自然と身に付けていけるように、低学年のうちから様々な場面であいさつを促していきます。

　まずは、「だれでもあいさつ」で知っている人同士のかかわりを確実にしていくことに重点を置き、あいさつへの抵抗感を減らしていきます。次に、あいさつした時の気持ち、された時の気持ちにフォーカスして、あいさつのもつ意味を感じられるようにしましょう。

注意点

　「誰でもいいからあいさつしよう！」と投げかけはしますが、「質より量」ということではありません。「たくさんあいさつできた！」から、「たくさんの人とあいさつできて気持ちよかった！」と子供が思えるように、実態を見ながら意識付けていきましょう。

つくえクリーナー

いろたべ

性能・効果 給食のご飯やおかずを、順番にバランスよく食べることができる。

読み聞かせのことば（例）

　給食では、ご飯やパンなどの主菜や、サラダや和え物などのおかず、味噌汁やスープなどの汁物、そして牛乳などの飲み物が出てきますね。美味しい給食をいつも、楽しみにしている人も多いと思います。ここで、みなさんに質問ですが、給食を食べる時、どのような順番で食べていますか？ご飯を全部食べてから、味噌汁を全部飲み、おかずを全部食べますか？（ばっかり食べ）

　その食べ方が悪いということではないですが、今日は「いろたべ」を紹介します。「いろたべ」とは、出された食べ物（メニュー）を少しずつ順番にバランスよく食べることです。例えば、ご飯を少し口に入れたらよく噛んで、次におかずを少し食べる。味噌汁の具を少し食べてから、汁をすするなど、いろいろなものを少しずつ口に入れる食べ方です。みなさんの中には、すでに「いろたべ」で食べている人もいると思います。

　この「いろたべ」を使いよく噛んで食べると、給食がさらに美味しくなることがあります。ご飯とおかずを別に食べると、それぞれの食材の美味しさを味わうことができますが、「いろたべ」を使うと、食べたものが口の中でうまい具合に混ざり合い、新しい味を発見することができるかもしれません。

　ばっかり食べだけでなく、「いろたべ」も使えると、食事の楽しみもさらに広がることでしょう。

ポイント

　食べ方のバリエーションをもたせることで、味覚の幅を広げていくことも意識しましょう。苦手なものがあっても、他のものと一緒に食べると、その苦手さが薄まる場合もあります。美味しさの広がりとともに、苦手なものの克服の手段として位置付けることもできます。

注意点

　あくまでも食べ方のバリエーションの一つとして紹介し、将来的に子供が自分の意思で、自らの食べ方を選択できるようにしましょう。いずれの食べ方においても、よく噛んで食べることの大切さをその意味も含めて伝えてください。

きりかえスイッチ

きりかえスイッチ

性能・効果 今やっている作業をやめ、次の指示を聞く態勢に切り替えることができる。

読み聞かせのことば（例）

　みなさんは、勉強に夢中になっている時、どんなことをしていますか？音読をしていたり、練習問題を解いていたり、集中して作品を作っていたりと、目の前の学習に一生懸命になっていることは、学校生活の中で多くあると思います。そんな時、「はい、今やっていることをやめて、こちらを見てください」と先生がお話を始めたら、みなさんはどうしますか？

　「まだやりたいよ〜」「せっかく調子が上がってきたのに…」という気持ちになる人もいるかもしれませんが、今自分がやっていることを切り替えて先生の方を見ることができる人は、この「きりかえスイッチ」が使えています。「きりかえスイッチ」が上手に使えるようになると、休み時間と授業、話を聞く時と作業する時、頑張る時と休憩する時など、活動にめりはりが付けられるようになります。

　先生が話し始めたということは、これから大事なことを言うのかもしれないし、次の指示を出すのかもしれません。作業のポイントやこの後にやることを聞き漏らさないようにするためにも、是非、このアイテムを上手に使っていきましょう。

　自分ができるようになったら、そっと友達にも使い方や使うタイミングを教えてあげて、クラスのみんなで「きりかえスイッチ」マスターになっていきましょう。

ポイント

　「ポスターを見せて、子供たちの視線が集まってから話し始める」「『きりかえスイッチ』と声をかけてから話し合い」など、子供たちが無理なく行動を切り替えていけるように、分かりやすい手がかりを併用するのもよいでしょう。そして、子供たちが慣れてきたら、少しずつ手がかりを減らしていき、子供たちが自発的にこのアイテムを運用していけるようにします。子供たちが上手にアイテムを使えるようになってきたら、低学年であっても次段階アイテム「きりかえフラッシュ」の運用をどんどん促していきましょう。

注意点

　子供たちの学習への没頭感を妨げるようなタイミングでの指示は、極力避けたいものです。授業の導入部や活動や作業を始める前など、このアイテムの運用を促すにふさわしい場面やタイミングを選んで実践していきましょう。

くちブタ

くちブタ

性能・効果 口に出して言いたくなっても、手で口を押さえて話すのを我慢する。

読み聞かせのことば（例）

　授業中、先生から出された問題の答えが分かったら、あなたはどうしますか？言いたくなったら指名されていなくても、すぐに答えてしまいますか？手を挙げて、先生に名前を呼ばれてから発言するということは分かっていても、どうしても答えたい時や伝えたいことがある時に、その気持ちを我慢することは誰にとっても難しいことです。

　そんな時、この「くちブタ」を使って、口から出そうになった言葉に手で蓋をして、言いたい気持ちを我慢してみましょう。頭や心の中だけで、自分をコントロールするのは難しいことです。ちょっと言いかけたとしても、急いで口に蓋をすれば大丈夫。「今は発言してよい時かな？」「今は誰が指名されているかな？」などの考えが思い浮かんだら、すぐ「くちブタ」を使ってみましょう。

　クラスのみんなが上手に「くちブタ」を使えるようになったら、意見の交通整理ができて授業はとても聞きやすくなります。先生の声、あるいは指名された友達の声しか聞こえないから集中しやすく、話を聞き漏らすこともなくなります。

　クラスみんなで「くちブタ」を使い、それぞれが気持ちのコントロールをして、勉強しやすいクラスにしていきましょう。

ポイント

　子供が言いたい気持ちを我慢している様子は、教員側からは判断しにくい場合がありますが、このアイテムを運用させれば、その気持ちが行動として見取りやすくなります。

　左手で「くちブタ」、右手で挙手をする姿勢を、「本当は言いたくて言いたくて仕方がないけど、我慢して指名されるのを待っているよ」というサインとして周知すると、子供たちのさらなる意欲や積極性を即時評価することができます。

注意点

　衝動性の強い子供に限らず、自分の欲求を抑制することはとても難しいことです。「くちブタ」を使わなくても、生活年齢的には身に付けておいてほしいスキルではありますが、できていないことにフォーカスするのではなく、「できていることがすごいこと」として積極的に賞賛していきましょう。

ワイワイクラッカー

ワイワイクラッカー

性能・効果　楽しい雰囲気が分かり、かけ声や身ぶりでその場を盛り上げることができる。

読み聞かせのことば（例）

「ムードメーカー」という言葉を聞いたことがありますか？「ムードメーカー」とは、その場の雰囲気を上手に盛り上げる人のことで、そういう人は、クラスのお楽しみ会や学年集会などで、率先して楽しいことを言ったりやったりしてくれます。みなさんの中にも、元気一杯でクラスを明るくしてくれる人がいると思います。

きっとその人は、この「ワイワイクラッカー」を上手に使っています。このアイテムを上手に使えているということは、「楽しんでいい時間や場であることが分かる」「盛り上げ方を知っている」「盛り上げることを恥ずかしがらない」「同じように盛り上げる人をどんどん増やしていく」など、いろいろなことが分かっていて、それをまわりに広げていくこともできます。

みなさんがこのアイテムを上手に使えるようになると、「楽しい時間」を「超最高に楽しい時間」に変えることができます。

みなさんも「ワイワイクラッカー」をうまく使って、学習と遊びのめりはりをつけて、学校生活を楽しみましょう。

ポイント

次段階アイテムとして設定されているのは、おとなしくしていた方がいいことが分かる「おとなシーン」や、その場の空気を読むことができる「空気リーダー」です。その場その場で状況を判断し行動していくことは、高度なソーシャルスキルを要します。まずは初期ステップとして、安心して心の底から楽しめる体験を子供たちにさせていきましょう。

注意点

子供たちが場を読み切れず、このアイテムの運用場面を誤ってしまったとしても、その場を盛り上げようとした子供の気持ちは認めていきましょう。結果的に大人の顔色を伺って行動することにならないためにも、子供たちなりの判断基準や理由に耳を傾けていくことが大切です。

ふざツラレ

ふざツラレ

性能・効果　友達のふざけにつられてしまった自分に気付くことができる。

読み聞かせのことば（例）

　授業中なのに、ふざけている友達がいたら、あなたはどうしますか？「ふざけちゃだめだよ」と言って注意をしますか？それとも、「よくないことだな」と思ってはいても面白そうだから友達と一緒にふざけてしまいますか？

　「いけない」と思っていても、つい友達につられてふざけてしまう人は、この「ふざツラレ」を使って、まずはふざけている自分に気付けるようになりましょう。ふざけているその時に、このアイテムを使うことができればいいのですが、いきなりではそれは難しいことかもしれません。ふざけてしまった後でもいいので、「あの時、○○くんにつられてふざけてしまったな…」とふりかえることができれば、「ふざツラレ」が使えたことになります。

　真面目に取り組む時と息を抜く時を上手に使い分けられると、授業に集中しやすくなるだけでなく、先生から注意されることも減ります。「ふざけない自分」になるために、「ふざけている自分」に気付くことから始めましょう。

　ふざけない自分になることを目標に、このアイテムをどんどん使って、できることから取り組んでいきましょう。

ポイント

　まずは冷静に自分の行動をふりかえることを目標に取り組んでいきましょう。客観的に自分自身の行動や振る舞いを把握できるようになってきたら、次段階アイテム「つられちゃったハンド」や「けじマジ」の運用に移行していきましょう。「ふりかえりができる」から「なるべくはやく自分自身の客観視ができる」という具合に、子供たちの実態を考慮に入れながら目標を進化させていきます。

注意点

　友達のふざけにつられやすい子供は、環境の影響を受けやすい場合があります。視覚や聴覚などの刺激量の調整も同時に行っていきましょう。また、クラスの中では支援の対象となる子供が限定されることがあります。特定の子供に注目が集まらないよう十分配慮しましょう。

あそんだかぞえ

いち、に、さん…

あそんだかぞえ

性能・効果 どの友達と何回遊んだか、覚えていることができる。

読み聞かせのことば（例）

　新しい学年やクラスになった時、仲のよい友達をたくさん作りたいですよね。友達と仲よくなりたい時、あなたはどうしますか？友達をはやく作りたかったら、やはり一緒に遊ぶことが一番の近道です。楽しいことを一緒にすると、友達との距離もググンと縮まり、仲よしも一気に増えます。

　友達を作りたい時、この「あそんだかぞえ」を使ってみましょう。このアイテムを使うと、どの友達と何をして遊び、何回遊んだかを覚えておけるようになります。

　友達は、自分と遊んだことを覚えていてくれると嬉しい気持ちになり、もっと仲よくなりたいなと思うものです。「また遊びたいな…」と友達が思ってくれたら、あなたも嬉しいですよね？また、このアイテムを使えると、まだ遊んでない友達がいることにも気付くことができます。遊びに誘われない友達に声をかけてあげられたら、その友達はきっと喜んでくれることでしょう。

　是非、このアイテムを使っていろいろな友達とたくさん遊び、寂しい思いをする人がいない仲のよいクラスを、みなさんで作っていきましょう。

ポイント

　帰りの会などでその日のふりかえりをして、このアイテムを使った内容をクラスで共有すると、子供たちの意欲付けにつながります。

　「学校で遊んだ数」「家に帰ってから遊んだ数」など、条件を限定してみると、子供自身も自分の友達関係の広がりについて客観的に捉えることができるようになります。

注意点

　特定の友達との関係を深めていくことも大切ですが、このアイテムの運用を促すことで、いろいろな友達とかかわる機会を広げていくことに主眼を置きましょう。

　クラスの中には、友達から声をかけられにくい子供や自分から声をかけていけない子供がいます。子供たちの動向を見ながら、寂しい思いをする子供がいないように、大人がしっかりフォローしていきます。

いいとこかくれんぼ

いいとこかくれんぼ

性能・効果 友達のよい所を見つけることができる。

読み聞かせのことば（例）

　学校生活に慣れてくると、クラスでも少しずつ友達が増えてきていると思います。休み時間に遊んだり、おしゃべりを楽しんだりするなど、一緒に過ごす時間が多くなれば、友達との仲も自然に深まっていきます。

　友達が増えてきた所で、みなさんには、この「いいとこかくれんぼ」を使ってほしいと思います。このアイテムを使って、友達をじっくり観察してみると、その友達のよい所がたくさん見えてきます。「いつも優しくて、困ったことがあると助けてくれるな」「いつも元気で、クラスを明るくしてくれるな」「いつも真面目で、勉強も一生懸命やっているな」「やりたいことがあると譲ってくれるな」など、気を付けて見てみると、その人にはたくさんよい所が隠れています。

　このアイテムを使うと、普段仲のよい友達だけでなく、まだ仲よくなっていない友達も、あっという間に友達になれるかもしれません。

　みんなでこのアイテムを使って、隠れている友達のよさを見つけて、もっともっと仲のよいクラスになっていきましょう。

ポイント

　帰りの会などで、「いいとこミッケタイム」など、子供同士で相互評価する場を設定するとよいでしょう。低学年のうちは、友達のよさとはどういうものなのか、教員が具体的なエピソードを挙げながら子供たちに示していきましょう。

注意点

　相互評価をしていくと、注目されやすい子供に評価が偏る場合があります。「大人しい」「表出の少ない」「控えめ」など目立たない子供に関しては、教員が一挙手一投足まで目を配り、率先してよい所をクローズアップしていきましょう。

だいじょうぶジョーロ

だいじょうぶジョーロ

性能・効果 落ち込んでいたり元気のなかったりする友達に、ジョーロから出る水のように優しい言葉をかけることができる。

読み聞かせのことば（例）

　いつもは元気な友達が、今日はあまりしゃべらないし何だか寂しそうな顔をしていたら、みなさんはどうしますか？「どうしたの？」とすぐに声をかけますか？それとも、心配する気持ちはあっても、なかなか声がかけられず、気が付かないふりをしてしまいますか？

　もし、クラスに元気がない友達がいたら、この「だいじょうぶジョーロ」を使ってみましょう。このアイテムを使えば、ジョーロから出る水のように優しい言葉をかけることができます。「大丈夫？」「どうしたの？」「元気出して」など、どんな言葉でもいいので、優しく柔らかい声をかけてあげましょう。

　「だいじょうぶジョーロ」で声をかけられた友達は、きっとあなたの優しい気持ちに気付き、少しずつ元気になっていくと思います。大切なのは、友達を思いやる気持ちと優しい行動です。

　クラスのみんなで「だいじょうぶジョーロ」を使って、元気のない人をみんなで励まして、みんなにとって居心地のよいクラスにしていきましょう。

ポイント

　このアイテムの運用に当たり、子供たちには「友達の様子の変化に気付くこと」「思いや気持ちを行動に移すこと」の大切さを伝えていきましょう。また、励まされた時の嬉しさや心境の変化をクラスで共有することで、子供たちが行動に移しやすくなる雰囲気を作っていきましょう。

注意点

　このアイテムの運用の前に、場合によっては善意であっても相手に受け入れられないことがあるということを、子供たちには伝えておきましょう。「心配して損した」「声なんてかけなきゃよかった」と行動に移したことが負の経験として刻まれてしまわないように、得られた反応よりも、自らの行動の起点に価値があることをしっかり伝えていきます。

ドッチモともだち

ドッチモともだち

性能・効果 けんかをしている友達に「両方の友達だよ」と伝え、けんかを止めることができる。

読み聞かせのことば（例）

　学校で生活していると、友達同士がけんかをしていることがあるかもしれません。どうしてけんかになったのかはよく分かりませんが、とりあえずけんかはやめて、落ち着いて話し合いをしてほしいですよね。そういう場面にあなたがいたら、どうしますか？

　もし、友達に「けんかをやめてほしいな」と思ったら、この「ドッチモともだち」を使ってみましょう。けんかをしている同士は興奮してしまっているので、誰かに声をかけられると少し落ち着くことができます。だから、「どっちも友達だよ」「けんかはやめてほしいな」「どうしたの？」と、声をかけてあげてください。すると、さっきまで興奮していた友達も我に返り、「だって…」と理由やいきさつを話してくれるかもしれません。

　仲直りをさせる所までできなくても「ドッチモともだち」を使って、「どちらとも味方だよ」「けんかはやめてほしいな」という気持ちを伝えていきましょう。

　みんながこのアイテムを使えるようになると、あなたのクラスは誰かがけんかをしても直ぐに仲直りができるクラスになります。

ポイント

　このアイテムの運用の前に、クラス全体で「けんかを見かけたらみんなで止める」という共通理解を図っておきましょう。けんかの当事者が第三者の介入によって、さらに興奮してしまわないように、事前の確認が大切です。仲直りをさせていくには、次段階アイテム「ともだちボンド」の運用も念頭に置いておきましょう。

注意点

　発達に課題のある子供がいる場合、状況によっては他児の介入は極力控えた方がよい場合があります。クラスの実態を把握し、適切に運用するかどうかの判断をしましょう。仲直りや問題解決においては、「せんせいジョイント」「ともだちジョイント」「だちだけカイケツ」との併用や連携で、発達段階を考え子供たちにとって無理のない支援のステップを構成しましょう。

はげましがえし

はげましがえし

性能・効果　励ましてもらった友達に、励ましのお返しをすることができる。

読み聞かせのことば（例）

友達とけんかをしたり、先生やおうちの人に怒られたり、大事なものをなくしてしまったりして、落ち込んでいる時、友達に励ましてもらったことのある人はいますか？「大丈夫？」「元気出して」と声をかけてもらうだけで、ちょっと気持ちが軽くなったことのある人もいると思います。

友達に励ましてもらって元気が出た人は、この「はげましがえし」を使って、今度は励ましてくれた友達が落ち込んでいる時に、励ましのお返しをしてあげましょう。「はげましがえし」を使えば、その友達は前向きな気持ちになり、「前にあなたを励ましてよかった…」と思ってくれるでしょう。そうすれば、その友達はあなたともっと仲よくしたいと思うはずです。

このアイテムが上手に使えるようになってくると、友達の親切に対しよく気付くようになり、その優しさを忘れないようにもなります。

誰にでも優しく親切にできる人になれるように、まずはこのアイテムを使って、あなたにとって大切な友達を勇気付けてあげられる人になりましょう。

ポイント

「励ます」という状況が生まれにくい場合は、アイテム名を「やさしさがえし」「親切がえし」など、日常的に運用できるスキルに置き換えるのもよいでしょう。次段階アイテム「はげましバトン」につなげていくためにも、まずは関係のできている友達同士での運用を促し、徐々にその輪をクラス全体に広げていけるようにしましょう。

注意点

「自分がした親切にお返しがない」と子供が見返りを期待しないように配慮しましょう。互いの関係性を深めていくことに主眼を置き、あくまでも見返りを求めない善意を与え合えるように子供たちには投げかけていきましょう。

いじめジャッジ

いじめジャッジ

性能・効果　友達がいじめられているように見えたら、いじめている相手に「それはいじめに見えるからやめた方がいい」と伝えることができる。

読み聞かせのことば（例）

　いじめられて嫌な気持ちにならない人はいません。まわりで見ている人も悲しい気持ちになってきます。「いじめは絶対に許さない」とクラスのみんなで強く思っていても、なかなかいじめがなくならないのは、どうしてでしょうか？それは、いじめている方が「自分はいじめをしているつもりはない」と思っているからです。

　こんな時は、クラスのみんなで「いじめジャッジ」を使っていきましょう。ふざけ合っているのか、遊んでいるのか、それともいじめなのか、まわりから見ていてもよく分からない時があります。そんな時こそ、このアイテムを使って、いじめている相手に「それはいじめに見えるからやめた方がいい」と伝えていきましょう。ここで大切なのは、「いじめている」「いじめていない」ではなく、「いじめに見える」ということです。本人はいじめている意識がなくても、「いじめに見える」ということを分からせていきましょう。

　ひょっとしたら、このアイテムを使うのには勇気がいるかもしれません。でも、一人一人がその勇気をもっていないと、みんなでいじめのないクラスにしていくことはできません。

　みんなが安心して生活できるクラスにするために、言いにくいことでもしっかり相手に伝え、みんなでいじめのないクラスにしていきましょう。

・・・・・・・・・・・・・・・・・・・・・・・・・・ ポイント ・・・・・・・・・・・・・・・・・・・・・・・・・・

　「いじめを許さないクラス」にしていくために、まずは「いじめに見える言動や振る舞いを許さないクラス」の具現化を徹底しましょう。「いじめ」か「いじめではない」かの追求だけでなく、自分や自分たちの言動や振る舞いを客観視し、不適切なものは積極的に修正していく姿勢や態度を育てていきます。

・・・・・・・・・・・・・・・・・・・・・・・・・・ 注意点 ・・・・・・・・・・・・・・・・・・・・・・・・・・

　子供たちが安心してこのアイテムを運用できるように、教員がクラスの様子を見逃すことなく実態をしっかり把握し、運用した子供のフォローができるようにします。また、実態から「どのような場合にいじめに見えてしまうか」を子供たちと考え、注意点を端的にまとめていくのも効果的です。

ピンチ S.O.S

ピンチ S.O.S

性能・効果 困ったことがあった時、友達や先生、家族などに、助けを求めることができる。

みなさんがまわりの人に助けてほしいと思う時は、どんな時ですか？体調が悪くなった時ですか？心配事がある時ですか？友達にいじめられている時ですか？自分の力ではどうにもこうにもならないことは、誰にでもあります。

そんな時は、勇気を出してこの「ピンチ S.O.S」を使って、「助けてほしい」という気持ちをまわりの人に伝えていきましょう。伝え方はいろいろあります。「困っています」「どうしたらいいか分かりません」「苦しいです」「解決の仕方を教えてください」など、自分の気持ちを表す言葉を選んで真剣に伝えればいいのです。どの言葉を選んでいいのか分からなかったら「助けてください」と言うだけで大丈夫です。

「人に助けてもらうことは、あまりよいことではない」と思っている人がいるかもしれませんが、そんなことはありません。困っている人がいたら、みんなで助け合えばいいのです。

一人一人がしっかり「ピンチ S.O.S」を出せるようになって、互いに助け合えるクラスを、みなさんで作っていきましょう。

ポイント

「安易に助けを求める癖を付けると、自立を妨げる」という考えがあるとは思いますが、退路を断たせて頑張らせるよりも、セーフティネットをしっかり張ってから頑張らせることに価値を置きます。S.O.S を出せるようになってから、少しずつ助けを借りなくても自己解決していく方向に向かわせていきましょう。

注意点

このアイテムの運用に当たり、「いじめられた時に周囲に助けを求めることができる」というスキルを身に付けさせていくことがねらいにあることを念頭に置いておきます。「状況が深刻すぎて助けを求められない」ということにならないように、次段階アイテム「あちこちヘルプサイン」「ヘルプウェブ」を意識して運用を促します。

あいこゆずり

あいこゆずり

性能・効果 ジャンケンをしてあいこになった時は、相手にゆずることができる。

読み聞かせのことば（例）

　係や役割を決める時、自分のやりたいものと友達のやりたいものが一緒だったら、どうしますか？「ゆずってあげる」と言いたい所ですが、そういう気持ちになれない時は、やはりジャンケンで決めることが多いと思います。

　始めからゆずってあげるとは言えないけれど、自分の中に「ゆずってあげようかな…」という気持ちを育てたい人は、この「あいこゆずり」を使ってみてください。使い方は簡単です。ジャンケンをして、勝ったら自分、負けたら相手ですが、あいこの時は相手にゆずってあげるのです。普通、あいこの時はもう一回ジャンケンをしますが、あいこになったら自分の中の「ゆずる気持ち」を大きくするチャンスにするのです。

　何かを決める時、みなさんの希望が全て叶うといいのですが、なかなかそうはいきません。そんな時に「代わってあげるよ」「ゆずります」と言える人がいると、クラスとしては本当に助かります。

　「自分がやりたい」という気持ちと「ゆずってあげる」という気持ちの両方を、自分の心の中に育てていきましょう。

ポイント

　「始めからゆずることはできないけど、ゆずってあげようという気持ちはある」という子供の内面を汲み取っていきます。結果的にゆずることにならなくても、「あいこゆずり」を運用しようとした時点で、その意思は見えます。その姿勢をしっかり認めていきましょう。

注意点

　このアイテムを「いつ」「誰が」運用したか、そして「実際にゆずったか」についてしっかり記録していきましょう。ゆずれない状態から「あいこゆずり」の運用、そして次段階アイテム「ゆずリゴコロ」や「ともだちファースト」へと、子供が自己の成長を客観的にたどれるようにしておきます。

「た」までズワリ

「た」までズワリ

性能・効果 「ありがとうございました」と言い終わるまで、座っていることができる。

読み聞かせのことば（例）

　授業が終わり、「ありがとうございまし…」とあいさつが言い終わる前に、椅子から立ち上がり、教室から出て行こうとする人はいませんか？あいさつが終わる前に次のことを始めてしまうと、あいさつをしている相手にはその気持ちが全然伝わりません。

　あいさつをすることで、相手に「ありがとう」の気持ちを伝えたい人は、この「『た』までズワリ」を使ってみましょう。このアイテムを使えば「ありがとうございました」の最後の「た」が言い終わるまで、椅子に座っていることができます。あいさつが終わるまで、自分の姿勢を保つことができれば、あなたの気持ちはしっかり相手に伝わります。あなたの気持ちを受け取ってくれた相手の人は嬉しい気持ちになり、また「あなたのために何かしてあげようかな」と思うかもしれません。

　「自分の気持ちを相手に伝える」ということは、みなさんが思っている以上に難しいことです。

　まずは「『た』までズワリ」を使って、授業のあいさつで、先生に感謝の気持ちをしっかり伝えられるようになりましょう。

ポイント

　「一つの行動が完了する前に、次の行動に移るのは好ましくない」ということを伝える機会にします。それは、感謝の気持ちを伝える時だけでなく、謝罪の気持ちを伝える時も同様であることも確認しておきましょう。

　次段階アイテム「めづたえ」も紹介し、表情や行動の端々に内面が表れ、それが相手に伝わってしまうことを押さえておきます。

注意点

　「行動面から内面を育てる」というアプローチになりますが、「育った内面が、行動面に表れる」という方向性は併せて大切にしたいです。「主観」と「客観」を行き来しながら、子供たちが自分自身を俯瞰して捉えること（メタ認知）ができるように支援していきましょう。

すきだけどリバース

すきだけどリバース

性能・効果 自分が好意をもっている相手に対し、気持ちとは逆のことをしている自分に気付くことができる。

読み聞かせのことば（例）

　ちょっと気になる友達に対し、あなたはどのように接していますか？本当はもっと仲よくなりたいし、一緒に遊んだり話したりしたいのに、恥ずかしくてそれがなかなかうまくできなくて困っているのではないでしょうか？

　自分の気持ちに素直に行動できない人は、まず、この「すきだけどリバース」を使ってみましょう。使い方は簡単です。好きな友達に対し「自分の気持ちとは反対のことをやっちゃったな…」と気付くだけでいいのです。「遊びに誘われたのに『遊びたくない…』と言ってしまった」「同じ係になりたいのに『他の係がやりたい…』と避けてしまった」など、そんな自分に気付くだけです。

　自分をコントロールするには、まず自分はどんな気持ちになるか、どんな考え方をするか、どんな行動を取るか、いろいろな自分に気付いていきましょう。

　いろいろな自分に気付くことができたら、次は「どのようにすれば自分をコントロールできるか」を考えていきましょう。

ポイント

　好きな気持ちとは裏腹に不適切な行動をしてしまうのは、やむを得ない部分もありますが、自分の気持ちと行動の連動性について考えるきっかけにしてもよいでしょう。自分の傾向を知るとともに、自分の行動は他者にはどのように写っているかも考えさせていきましょう。

注意点

　目に余る他害行動でなければ、ある程度様子を見守りつつ、本人の気付きや意思を尊重していきましょう。次の目標を示した方が、子供が行動しやすい場合は、次段階アイテム「すなおアクション」を提示し、なりたい姿を具体化していきましょう。

せんせいジョイント

せんせいジョイント

性能・効果　友達とトラブルになった時など、先生に仲裁に入ってもらうことができる。

読み聞かせのことば（例）

　毎日の学校生活では、いろいろなことが起こります。いつもは仲がよくても、ちょっとしたことで言い合いになったりけんかになったりして、お互いに興奮して、後に引けなくなってしまうこともあります。

　子供の力だけではどうにもならない時、みなさんならどうしますか？そういう時は、迷わず「せんせいジョイント」を使いましょう。このアイテムを使い、先生の力を借りてトラブルの解決をします。自分たちではどうにもできなさそうな時、そのトラブルを放っておいてはいけません。大人の力を借りてでもいいので、一つ一つ問題を解決していきましょう。その時、みなさんには「先生がどうやって問題を解決しているか」をじっくり観察してほしいです。問題によって解決の仕方はいろいろあるし、先生によっても解決の仕方は変わります。

　まずは「せんせいジョイント」を使って先生に解決してもらい、解決の仕方にはいろいろあることを知ります。

　そして、将来自分たちで問題を解決できるようになるために「今できることは何か」、しっかり考えていきましょう。

ポイント

　例えばけんかの仲裁では、それぞれの言い分を聞いた後、「相手に対し納得のいかないことはないか」「自分のよくなかった所はないか」「相手に謝る点はないか」「自分から謝れるか」など、解決に導く手順を当事者だけでなく、まわりの子供たちにも分かるように示していきましょう。

注意点

　自立を促すあまり「自分たちで解決しなさい」と言ってしまいがちですが、低学年のうちは、様々な解決の仕方があることを理解させる意味でも、教員が解決の手順を示していきます。次段階アイテム「ともだちジョイント」への移行には、子供たちに十分なステップを踏ませてからにしましょう。

えがおカウンター

えがおカウンター

性能・効果 | 友達が、機嫌がいいかどうかが分かる。

読み聞かせのことば（例）

　朝、登校してみると友達の様子の違いに気が付くことはありますか？いつもと変わらない人もいれば、ちょっと元気のない人…。よくよく見てみると、何だかとても嬉しそうにしている友達がいます。何かいいことでのあったのでしょうか？

　理由は分からなくても、嬉しそうにしている友達に気付くことができる人は、この「えがおカウンター」が使えています。このアイテムを使うと、友達の機嫌がいいかどうかが分かります。このアイテムを上手に使えている人は、表情や動きなど友達の細かい所をよく見ています。嬉しそうにしている人は自然と笑顔になっていて、声もいつもよりもちょっと高かったり跳ねるように歩いていたりと表情以外にも、友達の気持ちや心の様子は身体のいろいろな所から感じ取ることができます。

　もし、あなたに嬉しいことがあって、それに気付いて一緒に喜んでくれる友達がいたら、こんなに嬉しいことはないですよね。

　このアイテムをたくさん使って、クラスに隠れている小さな笑顔の種を見つけて、嬉しそうにしている友達にどんどん声をかけていきましょう。

ポイント

　前提としては、「相手の様々な心の様子を察知できるようになる」ための第一歩として、このアイテムを位置付けています。子供たちにとって分かりやすい「上機嫌」から始めて、次段階アイテム「マグマレーダー」で「怒り」「不機嫌」に進めます。その他、様々な感情を挟みつつ、「こころセンサー」へつなげていきます。

注意点

　このアイテムの運用場面で、「楽しそうにしている者同士だけで盛り上がる」状態にならないように配慮しましょう。子供たちには、互いの喜怒哀楽を察知しつつ喜びは共有し悲しみは分かち合うなど、人間関係を深めていくための入り口であるとの意識付けをしましょう。

かもトーク

かもトーク

性能・効果 語尾に「かも」を付けて、言葉の攻撃性を弱めて話をすることができる。

読み聞かせのことば（例）

　さっきまで普通に話したり遊んだりしていたのに、ちょっとした行き違いで言い合いが始まり、気付いたらけんかになっていたという経験をしたことのある人はいますか？言い合いが始まると言い方もきつくなり、お互いのイライラもどんどん大きくなって、さらに言い返したくなってしまいます。

　できれば言い合いもけんかもしたくないと思っている人は、この「かもトーク」を使ってみましょう。このアイテムを使うと、言葉の攻撃性が弱くなり、言い合いやけんかを避けることができます。使い方は簡単です。言葉の最後に「かも」を付けるだけです。例えば「ボールを片付けなよ！」と言いたい時は「ボールを片付けた方がいいかも」と言い、「遅刻しないで！」と言いたい時は「遅刻はしない方がいいかも」と言います。

　コミュニケーションで大切なのは、相手を攻撃することではなく、自分の言いたいことを相手に届けることです。

　このアイテムが使える人がクラスに増えれば、言い合いやけんかは減り、自分の気持ちをしっかり伝え、相手の気持ちをちゃんと受け取れる人も増えているでしょう。

ポイント

　このアイテムから、次段階アイテム「とげぬきリハーサル」「たんたんトーク」と発展させていく中で、「伝えるべき内容」と「言葉に乗せたくなる自分の負の感情」を分離させていく必要があることを理解させていきます。

注意点

　低学年にこのアイテムを運用させる場合、状況に合わせて運用をその場で判断させていくのは難しいかもしれません。「はやくやれよ！」→「はやくやった方がいいかも」、「聞こえないよ！」→「大きな声で言った方がいいかも」など具体例を挙げつつ、ある程度、運用場面を限定して示した方が、子供たちには分かりやすいかもしれません。

ごめんねイイイヨ

ごめんねイイヨ

性能・効果 許したくないという気持ちがあっても、「ごめんね」と言われたら「いいよ」と言って相手を許すことができる。

読み聞かせのことば（例）

「友達に自分のものを壊された」「大事にしているものを汚された」「悪口を言われたりからかわれたりした」「自分のせいにされた」「けんかや言い合いをした」その後、相手が謝ってきたとしたら、あなたはどうしますか？

イライラした気持ちやモヤモヤした気持ちがまだ残っていても、相手が謝ってきた時に「いいよ」と言って許してあげられる人は、この「ごめんねイイヨ」が使えています。「相手や自分がどのくらい悪いか」「わざとかわざとではないか」「話し合いをしたかどうか」によって許せるかどうかも変わるので、簡単に答えるのは難しいと思います。それでも、相手を許すことができたあなたは素晴らしいです。

ものによっては、許すのが難しいこともありますし、何でもかんでも許せばいいということでもありません。それでも、「許す」という気持ちになれたということは、あなたの心の広さがそのような形で表れたということでもあります。

大人になっても「許す」ということはなかなか難しいことなので、今のうちからちょっとしたことは気にしないで、謝ってくれた相手に「いいよ」と言ってあげましょう。

ポイント

「許す」という判断に至るまでにどのような段階を踏み、どのような点を確認すべきかを、子供が分かるように提示していきます。子供が相手を「心底、許してもいい」という感覚になってから、このアイテムの運用を促します。

注意点

安易に「許せばいい」と認識しないように、子供たちには事前に確認しましょう。このアイテムの運用を促す際には、状況の丁寧な聞き取り、情報の整理、適切な判断や価値付け、さらに当事者である子供の気持ちの汲み取りや共感を大切にしていきましょう。

いいすぎブレーキ

いいすぎブレーキ

性能・効果 イライラして相手に言いすぎてしまいそうな気持ちにブレーキがかかる。

読み聞かせのことば（例）

「うるさい！しずかにしてくれる？」「ちょっと、やめてよ！」「こっちにこない で！」など、けんかをしている訳ではないのに、つい相手に強い言い方で言いすぎて しまったことのある人はいませんか？相手にしつこくされたり、何度言ってもなかな か伝わらなかったりすると、イライラした気持ちが大きくなり、さらに言いすぎてし まいます。

そんな時は、この「いいすぎブレーキ」を使って、言いすぎてしまわないようにし てみましょう。「言いすぎ」には、いくつかの種類が考えられます。声の大きさ、言 い方、言葉の選び方、しつこさ（繰り返し具合）など、自分がどのように言いすぎて しまうか分かれば、ブレーキもかけやすくなります。

「いいすぎブレーキ」が使えると、言われた人は嫌な気持ちにならず、「言いすぎて しまったな…」と自分も後悔することがなくなります。

イライラしてしまう時は誰にでもあります。でも、その気持ちをそのまま出してし まうか、それともちょっとでも調整しようとするかでは、大きな違いがあります。友 達とのやりとりの中で、少しでもこのアイテムを意識してみましょう。

ポイント

支援の対象となる子供をフォーカスする前にクラス全体に投げかけ、「言いすぎてしまう場 面は誰にでも起こり得るもの」として、自らの行動を子供全員にふりかえらせます。言いすぎ てしまう時の状況や心理状態についても丁寧にフィードバックし、共有できるものは積極的に シェアしていきましょう。

注意点

言いすぎてしまっている状態に気付くのが難しい子供がいます。まずは、自分自身を俯瞰し て捉えることに重点を置いて支援しましょう。子供自身の客観視ができてきたら、行動改善に つながる具体的な一歩を、子供と対話をしながら一緒に考えていきましょう。

みみたブロック

なにも きこえない

みみたブロック

性能・効果　耳たぶを耳の穴に入れて音を遮ることで、まわりの音が気にならなくなる。

読み聞かせのことば（例）

　気持ちを集中して問題を解こうとしている時、友達のひそひそ話す声や誰かが立てる物音が気になって、気が散ってしまうことはありませんか？いつもなら気にならないくらいの雑音が気になってしまうのなら、一旦気持ちをリセットする必要があるかもしれません。

　そんな時は、この「みみたブロック」を使ってみましょう。使い方は簡単。自分の耳たぶを丸めて自分の耳の穴に詰めるだけです。耳たぶを耳栓代わりにするので、ちょっとした音なら遮ることができます。ここでのポイントは、目を閉じて、気になっていた音以外のことに意識を向けてみましょう。耳の穴が詰まった時のボーッとする感覚、耳たぶに感じる指の圧、集中しようとしている自分の気持ちなど、いろいろ感じることがあります。気持ちを一度リセットするとちょっと気持ちが落ち着いて、さっきまで気になっていた雑音も気にならないものになっているかもしれません。

　このアイテムは音を遮るだけでなく、慣れてくると乱れている自分の気持ちを整えることもできます。

　雑音が気になる時だけでなく、「いつもの気持ちと違うな…」と思った時は、このアイテムを使ってみましょう。

ポイント

　おまじない的な要素も含んでいますが、気持ちをリセットさせるきっかけとして位置付けています。周囲の状況にふり回されないためのスキルへつなげていくものとして、「思っていたほど気にならない」ことや「気にしすぎていた自分」に気付かせていけるとよいでしょう。

注意点

　発達に課題のある子供は、聴覚過敏のため聴覚的な注意選択が難しい場合があります。個別の発達の状況や周囲の実態に応じて、イヤーマフを教室に数個常備するなど、子供の発達を補う支援も同時にしていきましょう。

ドキドキチャレンジ

ドキドキチャレンジ

性能・効果　緊張することに対して、とりあえずチャレンジできる。

読み聞かせのことば（例）

　友達や先生の前で自分の意見を発言したり、練習したことを発表したりするのは、誰でも緊張します。ましてや、おうちの人やお客さんがいる場面ともなれば、さらに緊張してしまいますね。「うまくできないかもしれない。」とよくないことを考えてしまうと、緊張はどんどん大きくなっていきます。

　そんな時は、この「ドキドキチャレンジ」を使ってみましょう。このアイテムを使うと、緊張することにもとりあえずチャレンジすることができます。このアイテムを使う上で大事なことは、チャレンジの結果が成功か失敗かはまったく気にしないことです。緊張することにチャレンジできたかどうかだけに着目します。そして、チャレンジできた回数を数えていきましょう。

　このアイテムを繰り返し使っていくと、チャレンジできた自分に自信をもてるようになり、自分の力を少しずつ発揮できるようになります。

　結果（成功・失敗）と挑戦（チャレンジできたか）を分けて考えて、難しいことにも一歩踏み出せる自分になりましょう。

ポイント

　このアイテムの運用には、次段階アイテムを併用し、スモールステップで課題を設定するのが効果的です。例えば、「オーディションに参加できた」⇒「ドキドキチャレンジが使えた」、「オーディションで発表できた」⇒「ドキドキアクセルが使えた」、「オーディションで力を出し切れた」⇒「ダシキレヤリキレが使えた」という具合に、子供の頑張りを細かく評価することができます。

注意点

　緊張する場面やその緊張度は個々のケースによって違います。個別で運用する場合は、踏んでいくステップや目指すゴールについては、対象となる子供と話し合いながら、一つ一つ確認していきましょう。また、SSM「ゴールデンバード」を用い、「緊張すること」について前向きな解釈をしていくのもよいでしょう。

やるきのネジマキ

やるきのネジマキ

性能・効果　自分で自分のやる気を出して、やるべきことに取り組むことができる。

読み聞かせのことば（例）

　やり始めればどんどんやれそうなことも、気が進まない時がありますよね。他にやりたいことがあったり、ちょっと疲れていたりと、理由はその時その時に違うと思います。でも、早くやってしまわないと時間はなくなるし、おうちの人に余計なことをいろいろ言われると、やろうと思った気持ちもしぼんでしまいます。

　そんな時は、この「やるきのネジマキ」を使ってみましょう。自分の中のやる気のゼンマイを大きなネジマキでグルグル巻いて、最後まで巻いたら、さぁ、手を放しましょう。ギーッと音を立てながら、大きなネジマキがゆっくり回り始めました。そうしているうちに、あなたのやる気も少しずつ出てきます。

　ネジマキが動いている間に、自分の気持ちが少しでも軽くなったら、すぐにやるべきことに取り掛かりましょう。ちょっとしたきっかけで、思ったより簡単に自分をコントロールすることができます。

　いろいろな場面で「やるきのネジマキ」をうまく使えるようになって、自分の力をもっともっと発揮できるようになりましょう。

ポイント

　セルフコントロールの入り口として、このアイテムの運用を位置付けています。比較的簡単なことに取り組ませて、子供に自信を付けさせてから、次段階アイテム「とりあえずガンバ」や「やらねばエンジン」の運用につなげていきましょう。

注意点

　おまじない的な投げかけではありますが、「とりあえず立つ」「『やるぞ！』と声を出す」「深呼吸する」など、行動の切り替えのきっかけとなるような行為とネジマキのイメージとを関連付けると効果的です。

オコラズナカズ

オコラズナカズ

性能・効果 勝負に負けても怒ったり泣いたりしないで、結果を受け入れることができる。

読み聞かせのことば（例）

　係決めのジャンケン、体育の学習での試合やゲーム、クラスのレク、運動会など、学校生活の中ではいろいろな場面で勝ち負けがあります。負けるよりは勝ちたいと誰もが思うと思いますが、勝負にこだわりすぎて、負けると怒ったり泣いたりするのはどうでしょうか？真剣に勝負に向き合うのはよいことですが、むきになりすぎるのはあまり感心しません。

　そんな時は、この「オコラズナカズ」を使ってみましょう。このアイテムを使うと、勝負に負けても怒ったり泣いたりしないで、その結果を受け入れることができるようになります。使い方は簡単。勝負の前に、「オコラズナカズ…」とつぶやくだけです。

　このアイテムを使えるようになると、勝負に負けても、潔くその結果を受け止められるので、気持ちを切り替えて次の行動に移ることができます。悔しい気持ちがあったとしても、怒ったり泣いたりしなければ合格です。

　このアイテムを使うことで、目の前の勝負だけでなく、自分の気持ちをコントロールすることに意識を向けてみましょう。

ポイント

　負けてもあまり悔しくない場面で運用を繰り返し促すことで、成功体験の積み上げをすることもできます。「オコッタケドナカズ」「ナイタケドオコラズ」など、子供たちの失敗経験が積み重ならないようにセーフティネットを用意しておくのもよいでしょう。

注意点

　「勝負に負けると悔しい」という子供の気持ちは十分に汲んであげましょう。勝負の前にこのアイテムの使用を促し、子供が心の準備をしてから勝負に臨めるようにしましょう。勝つこと以外に、子供たちが目指したくなるような価値（セルフコントロールの熟達など）を事前にいくつか設定できるとさらに効果的です。

はんせいヤジルシ

はんせいヤジルシ

（性能・効果）　自分のよくなかった所に目を向け、反省することができる。

読み聞かせのことば（例）

　友達とちょっとした行き違いからトラブルになった時は、どうしても相手のよくない所に目が行ってしまいます。相手のよくない言葉や行動に対して、つい自分もお返しとばかりによくないことを言ったりやったりしてしまうこともあるかと思います。「相手が○○するから、自分も××したんだ！」という気持ちは分かりますが、全部相手が悪い訳ではなく、「自分にもよくない所が少しはあったかな」と気付いている人もいると思います。

　そんな時は、この「はんせいヤジルシ」を使ってみましょう。このアイテムを使うと、相手のことは一旦置いておいて、自分のよくなかった所に気持ちを向けることができるようになります。落ち着いて考えてみると「あんなこと言っちゃったな…」「こんなことやっちゃったな…」といろいろ思い浮かんできます。

　このアイテムが使えるようになると、トラブルの解決が短い時間でできるようになります。「自分のよくないことを認められて、あなたは偉い！」と先生から褒められるかもしれません。もしかしたら、あなたが「はんせいヤジルシ」を使っている姿を見て、相手の友達も自分のよくない所を認め始めるかもしれません。

　このアイテムを使えるようになって、しっかり反省し、それを次に生かしていける人になっていきましょう。

ポイント

　謝ることまでできなくても、自分にもよくない所があったと認めることができれば、このアイテムを使えたとしてよいです。予め「このアイテムは使うのがとても難しいレアアイテムだ」という設定にしておくと、いざという時に子供たちは自らこのアイテムを運用していきます。

注意点

　あくまでも子供自身の自主的な反省を促すものという位置付けです。トラブルになった者同士の言い分や状況整理は確実に行います。子供自身の納得や反省の気持ちがないまま、形式的な反省や謝罪を促すことにならないよう細心の注意を払ってください。

とりあえずガンバ

とりあえずガンバ

気が進まないことに対しても、とりあえずやってみることができる。

読み聞かせのことば（例）

　よく分からないこと、難しそうなこと、面倒くさいことは、どうしてもやる気が出なくて、なかなか取り組めないですよね。でも、後回しにしていてもやらなくて済むということはないし、どうせいつかはやらなくてはいけません。どうせやるなら、追い込まれる前にパッパとやってしまいたいものです。

　そんな時は、この「とりあえずガンバ」を使ってみましょう。「どうせやるんだから、今やっちゃおう！」と自分に言い聞かせて、勢いで取り組んでしまいます。時間や行動を区切ってきっかけを作ると、さらに使いやすくなります。

　「やり始めたら案外楽しくなってすんなり終わってしまった」ということがあれば、その経験はしっかり自分の記憶に焼き付けておきましょう。その記憶が溜まれば溜まるほど、このアイテムは使いやすくなります。

　このアイテムを上手に使えるようになって、学校以外の場でも使えるようになりましょう。

ポイント

　このアイテムの運用が難しくなるのは、子供にとって強制力が働かない自由場面であることが考えられます。「このアイテムを使うのが難しくなるのは、どんな時？」とクラス全体で子供たちの意見を出し合い、場面や状況の情報整理をして、打開策のヒントを共有しましょう。

注意点

　運用が難しくなる理由は、個々の環境や状況によって様々です。必要に応じて個別の聞き取りをして、「やるべきことをやってから、自分のことをする」「ゲームは見えない所に隠す」「とりあえずやってみたことの回数を数えて報告する」など、具体的な対処法を例示しましょう。

いかりのフタ

いかりのフタ

性能・効果　自分の怒りを、一時的に抑えることができる。

読み聞かせのことば（例）

　休み時間に友達とトラブルになって嫌な気持ちになったとしましょう。解決したくても時間がなくて、未解決のまま授業に入ってしまいました。さっきのトラブルを思い出すと、イライラが大きくなってきます。でも、授業はどんどん進んでいきます。学習に気持ちを向けなくてはいけないのに、怒りの感情がそれを邪魔します。あなたなら、どうしますか？

　気持ちを切り替えて、授業に参加したいあなたは、この「いかりのフタ」を使ってみましょう。このアイテムを使えば、怒りの感情に一旦フタをして納めて、今やるべきことに向き合うことができます。未解決のトラブルは、授業が終わってから確実に対処すれば気持ちもすっきりします。

　とにかく、イライラした気持ちを引きずって、時間を無駄にして過ごしてしまうのは、とてももったいないことです。自分の気持ちを上手にコントロールすることは、時間を大切にすることにもなります。

　「いかりのフタ」を使って自分の気持ちをコントロールし、時間を上手に使っていきましょう。

ポイント

　アンガーマネジメントの入り口としての位置付けです。次段階アイテム「いかりメーター」「怒うかせんのばし」を提示するなど、段階的に「怒りのコントロール」について具体像を示していきます。成功体験の積み上げが大切なので、一瞬でもいいので怒りを抑えることができれば、丁寧に即時評価していきましょう。

注意点

　支援の対象となる子供の中には、特に怒りの制御が難しい実態があります。結果的に失敗経験が積み重ならないように、課題設定の段階で、このアイテムへの取り組みに対する子供の意思をしっかり確認しましょう。

イライラエスケープ

イライラエスケープ

性能・効果 イライラしたら決められた場所に避難して、気持ちを落ち着かせることができる。

読み聞かせのことば（例）

　みなさんの中に、「自分の怒りの感情を、自分ではどうしても抑えられなかった」という経験をしたことのある人はいますか？人間とは、時に自分で自分のことをコントロールできない状態になってしまうこともあります。また、自分をコントロールすることを苦手に感じる人もいます。もし、教室にいる時、自分の怒りがコントロールできない状態になり、そのまま教室に居続けなければならないとしたら、それはとても苦しいですよね。

　そんな時は、この「イライラエスケープ」を使ってください。「エスケープ」とは「逃げること」「抜け出すこと」という意味で、クールダウンをするための部屋や場所を事前に先生と相談して決めておきます。そして、実際イライラした時、イライラしそうな時に、先生に断ってから、その場所にエスケープしてクールダウンします。自分で落ち着いたと思ったら、戻ってきます。

　避難する所があることが分かれば、気持ちに余裕が出て、イライラを抑えられるようになるかもしれません。

　先生と相談しながら、イライラのコントロールに挑戦してみましょう。

ポイント

　このアイテムをクラス全体に投げかける場合は、「クラスにはそのような実態の友達がいる」ことや、「その友達にはクールダウン必要である」ことを認知するものとしての位置付けにします。「勝手に飛び出している」のではなく、「先生との約束の下の行動である」と他の子供が認識できるようにしましょう。

注意点

　個別での運用を促す場合は、その子供の実態と校内における支援体制の両面から、具体的な支援策とその効力が及ぶ範囲を構築していきましょう。子供と担任と校内の支援体制との間に齟齬が生まれないように気を付けましょう。

クヨクヨドライヤー

クヨクヨドライヤー

性能・効果 | 少しの間、悲しみを忘れることができる。

読み聞かせのことば（例）

　最近、悲しいことがあった人は、どんなことが悲しかったですか？悲しいできごとは突然訪れるので、本当に辛いですね。友達に話を聞いてもらったり励ましてもらったりして、悲しみが和らぐこともありますが、時間がすぎていくのを待つしかないこともあります。そんな悲しい気持ちを抱えていても、やるべきことはやらないといけない時があります。

　そんな時は、この「クヨクヨドライヤー」を使ってみてください。ドライヤーで濡れたものを乾かすイメージで、自分の心にある悲しい気持ちに暖かい風を当ててみてください。ちょっとだけ乾かすつもりで、他のことを考えてみてください。不思議とちょっとの間だけ悲しいことを忘れることができ、目の前にあることに取り組むことができます。

　ほんの少しでも、悲しい気持ちを紛らわせることができれば、自分の気持ちもちょっとだけ軽くなります。

　あなたもこのアイテムを使えるようになれば、悲しみと上手に向き合えるようになるかもしれません。

ポイント

　悲しんでいることについて「子供本人が望めば話を聞き、可能な場合は具体的な打開策を伝える」という支援があることを子供に伝えます。それによって子供に安心感を与えた上で、「このアイテムが使えそうな時は使ってみよう」と促してみましょう。

注意点

　「悲しいことを我慢しなければいけない」と、子供が受け止めないように配慮しましょう。子供がこのアイテムを運用していることが分かったら、さりげなく話を聞き、悲しい気持ちに共感を示しましょう。「悲しい時は、我慢しないで悲しんでいいんだよ」というメッセージは、前提としてしっかり伝えます。

やなことリセット

やなことリセット

性能・効果 嫌なことがあったら頭の中で一旦リセットし、少しの間、忘れることができる。

読み聞かせのことば（例）

　この1週間をふり返って、嫌なことがあったなという人はいますか？それはどんなことでしたか？嫌なことと言っても、とても大きな出来事からちょっとしたことまで、いろいろあると思います。「嫌だな〜」という気持ちがあると、モヤモヤして気分も優れませんね。

　そんな時は、この「やなことリセット」を使ってみましょう。ゲームがうまくいかず、リセットボタンを押してやり直す感じで、頭の中にあるリセットボタンを押して、一瞬だけ嫌なことを忘れましょう。そして、次の勉強や遊びに気持ちを向けてみます。気持ちを切り替えて次のことに取り組んでいる間に、「嫌だな〜」という気持ちが軽くなっているかもしれません。

　モヤモヤした気持ちでずっと過ごすのは、精神的にも疲れてしまうし、時間的にももったいない気がします。

　このアイテムをちょっとでも使えるようになって、気持ちの切り替え上手になってくださいね。

ポイント

　子供たちにはイメージしやすくするため、頭の中でリセットボタンを押した瞬間に、インパクトのある事柄を思い出すように声かけしましょう。「楽しみにしていること」「今すぐにでもやりたいこと」など、思考を切り替えた後にのめり込める素材を事前準備しておきます。

注意点

　一時的に自分の気持ちを立て直すためのスキルの一つとしての位置付けです。子供にとって、頭の中だけで思考の切り替えをするのは難しいことなので、「動く」「声を出す」「深呼吸する」など、簡単な動作と連動させてアイテムの運用を促しましょう。

はねかえしミラー

はねかえしミラー

性能・効果 　相手からされたことを、同じように相手にかえす。

読み聞かせのことば（例）

　親切にしてくれた相手に、親切なことでお返しをするのはとてもよいことです。一方で、嫌なことをしてきた相手に対し、嫌なことでやり返してしまうのはどうでしょうか？あまりよくないことであるとは分かっていても、お返しとばかりにやり返してしまう人はいると思います。よいことのお返しなら、どんどんやってほしいものですが、よくないことのお返しは、気付くとどんどん大きく、そして激しくなっていきます。

　今回紹介する「はねかえしミラー」は、使った方がよい場面とそうでない場面があり、場合によっては使うのが難しいアイテムになります。特に注意してほしいのは、相手に嫌なことをされたり言われたりした時に、「はねかえしミラー」を使わないようにすることです。そのためにまず気を付けるのは、「はねかえしミラー」を使ってしまっている自分に気付くことです。

　このアイテムは「気付いたら使っていた」ということが多いかもしれません。でも、「やられたらやり返す」では、いつまで経っても問題は解決しません。

　どのようにすれば、よくない使い方をしないで済むか、みんなで考えていきましょう。

ポイント

　このアイテムを使わずに済むように、まずは子供に「よくない使い方をしている自分」に気付かせていきます。そして、「やめて」「そんなことをする理由は何？」「先生に報告します」など、その次にすべき行動の具体例を挙げて、クラス内で共通理解を図りましょう。

注意点

　このアイテムは、情動の反応として反射的に望ましくない運用をしてしまうことが多いです。「気付くとやり返していた…」という自分に気付くだけでも大きな成長であると捉え、メタ認知を高めるきっかけとして位置付けてもよいでしょう。

じぶんメダル

じぶんメダル

性能・効果　自分の長所が分かる。

読み聞かせのことば（例）

　この１年間、みなさんは友達と協力しながら勉強に遊びに、本当によく頑張ってきました。友達もたくさんできたと思います。毎日、友達と一緒に生活してくる中で、友達のよい所、すごい所、お手本にしたい所など、多くの視点で友達の長所を見つけることができました。同じように、あなた自身にも長所がいっぱいあります。「え〜、自分にはないな〜」と思う人もいるかもしれませんが、そんなことはありません。

　今日は、みなさんにこの「じぶんメダル」を使ってほしいと思います。このアイテムを使うと、この１年間をふりかえり、自分が頑張ったこと、できるようになったこと、親切にできたことなど、自分のよい所を見つけることができます。どんなことでも構いません。学校での生活以外のことでも大丈夫です。他の人が知らないことでもいいです。これだと思うことを一つ決めて、それをメダルにして自分にかけてあげてください。

　このアイテムを使えるようになると、今まで以上に自分のことが好きになります。自分のことを好きになるということは、自分自身を大切にすることでもあります。

　誰かが見ていても見ていなくても、頑張ることができたあなたに「じぶんメダル」をかけて、しっかり自分のことを褒めてあげましょう。

ポイント

「自分にはよい所なんてない…」と自分の長所を見つけられない子供は意外に多いです。慣れるまでは、クラス全体で子供同士の長所を伝え合う場を設けるなど、どのような視点でどのようなことを長所として挙げていけばよいか理解させていきましょう。

注意点

自己肯定感を高めるための大切なアイテムとして位置付けています。他人との比較の中で相対的に優れているということにとらわれず、自分自身を見つめ認める視点を、子供たちにもたせていきたいと思います。

がったいアイテム

がったいアイテム

性能・効果 今まで学んだアイテムを合体して、自分にとって効果的なアイテムにすることができる。

読み聞かせのことば（例）

今まで、みなさんはたくさんのアイテムを学んできました。そして、上手に使えるアイテムもとても増えてきました。本当に素晴らしいと思います。これからはさらに成長するために、みなさんには自分にあったアイテムを自分で作っていってほしいと思っています。でも、「いきなり自分で作れって言われてもできないよ～」と思う人もいるかもしれません。

そんな時は、この「がったいアイテム」を使ってみましょう。使い方は簡単です。今まで学んだアイテムを合体させるだけです。例えば、イライラした気持ちを一瞬抑えて、友達に言いすぎないようにできたら、「いかりのフタ」＋「いいすぎブレーキ」となります。自分の悪かった所に目を向け、友達に謝ることができたら、「はんせいヤジルシ」＋「ごめんねイイヨ」となります。

これまでたくさんのアイテムの勉強をしてきたみなさんなら、きっとできます。必ずできます！

「がったいアイテム」、つまりアイテムの連続技に挑戦していくことで、もっともっと自分を上手にコントロールできるようになってくださいね。

ポイント

次段階アイテムと合体させると運用しやすいものもあります。自分からいろいろな人にあいさつができたら「だれでもあいさつ」＋「はやおしあいさつ」、音を立てずに一つのものに偏らないように食べることができたら「いろたべ」＋「おとタテズ」など、運用しやすいものから合体させてみましょう。

注意点

将来的には、アドバンスアイテム「アイテムメーカー」につなげていきたいと考えています。子供自身が自らの手で、問題解決の手段や方法を創造していけるようになることが、SSPの最終目標です。

監修

小貫 悟

明星大学教授。1991年、早稲田大学人間科学部人間基礎科学科卒業。1999年、東京学芸大学大学院連合学校教育学研究科修了。博士（教育学）、臨床心理士。著書に、「授業のユニバーサルデザイン入門」「クラスで行う「ユニバーサル・アクティビティ」」（東洋館出版社）など多数。

著者

イトケン太ロウ（伊藤健太郎）

中野区立令和小学校主任教諭。中央大学法学部法律学科卒業。東京都教育委員会開発研究員・教育研究員、治療教育士、日本LD学会員、特別支援教育士。著書に、「子どもの心が軽くなる！ソーシャルスキルモンスター」「子どもが思わず動きだす！ソーシャルスキルモンスター」「子ども・クラスが変わる！ソーシャルスキルポスター」「クラスで行う「ユニバーサル・アクティビティ」」（東洋館出版社）。異業種間交流を軸に自らの使命を追究する自己啓発サークル「I.D.HYBRID BRAINS」を主宰。「I.D.HYBRID BRAINS」HP http://www.idhybridbrains.com。

Special Thanks

木原小百合（江東区立豊洲北小学校）　田中祐典（江東区立豊洲北小学校）　三澤岳史（中野区立令和小学校）
東正直（中野区立江古田小学校）　橋本猛生（中野区立令和小学校）　武井茂樹（調布市立第一小学校）
梶原郷（武蔵村山市立大南学園第七小学校）　高橋若菜（東京都公立小学校）
白井千晴（社会福祉法人和光保育園）　太田千瑞（スクールカウンセラー）
小田島早紀（東京都公立学校スクールカウンセラー）　太田香子（キッズヨガインストラクター）

参考文献

・小貫悟 イトケン太ロウ『子どもの心が軽くなる！ソーシャルスキルモンスター』東洋館出版社、2022
・小貫悟 イトケン太ロウ『子どもが思わず動きだす！ソーシャルスキルモンスター』東洋館出版社、2021
・小貫悟 イトケン太ロウ『子ども・クラスが変わる！ソーシャルスキルポスター』東洋館出版社、2019
・小貫悟 他『クラスで行うユニバーサルアクティビティ』東洋館出版社、2015
・森俊夫『"問題行動の意味"にこだわるより"解決志向"で行こう』ほんの森出版、2001
・森俊夫『ブリーフセラピーの極意』ほんの森出版、2015
・小貫悟 他『LD・ADHDへのソーシャルスキルトレーニング』日本文化科学社、2004
・上野一彦 他『図解よくわかるソーシャルスキルトレーニング実例集』ナツメ社、2012
・相川充 他『イラスト版子どものソーシャルスキル』合同出版、2011
・日本アンガーマネジメント協会『イラスト版子どものアンガーマネジメント』合同出版、2015

子ども・クラスが変わる！
ソーシャルスキルポスター　ベーシック

2023年（令和5年）3月20日　初版第一刷発行

著　者　イトケン太ロウ
発行者　錦織 圭之介
行 所：株式会社 東洋館出版社
　　　　〒101-0054　東京都千代田区神田錦町2丁目9-1
　　　　　　　　　　　コンフォール安田ビル2F
　　　　代　表　電話 03-6778-4343　FAX 03-5281-8091
　　　　営業部　電話 03-6778-7278　FAX 03-5281-8092
　　　　Ｕ Ｒ Ｌ　https://www.toyokan.co.jp

装　　丁：宮澤 新一（藤原印刷株式会社）
印刷・製本：藤原印刷株式会社

ISBN：978-4-491-05072-0